Arjuna Nick Ardagh – Warum nicht Jetzt?

Advaita
im Lüchow Verlag

Avadhuta Gita
Ardagh: *Klares Sehen*
Ardagh: *Warum nicht Jetzt?*
Balsekar: *Anmerkungen zu Wissenschaft und Nicht-Dualität*
Balsekar: *Die Eine Wahrheit*
Balsekar: *Die Lehre erleben*
Balsekar: *Erleuchtende Briefe*
Balsekar: *Erleuchtende Gespräche*
Balsekar: *Schuld und Sünde: Der IrrSinn des Verstandes*
Gangaji: *DU BIST DAS,* Band I
Gangaji: *DU BIST DAS,* Band II
Gangaji: *Freiheit und Entschlossenheit*
Gangaji & Jaxon-Bear: *Die Flamme der Wahrheit*
Gaudapada / Raphael: *Māndūkyakārikā*
Hillig: *Erleuchtung für Anfänger*
Jaxon-Bear: *Lied der Freiheit*
Klein: *Dein wahres Ich*
Murthy: *Vom Bewußtsein getroffen*
Parkin: *Die Geburt des Löwen*
Parsons: *Open Secret*
Ramana Maharshi: *Die Botschaft des Ramana Maharshi*
Raphael: *Jenseits des Zweifels*
Shapiro: *Wellen des Friedens*
Shapiro: *Es geschieht ganz von selbst*
Wei Wu Wei: *Das Offenbare Geheimnis*
Wei Wu Wei: *Die Einfache Erkenntnis*

edition**advaita** k&l: *Wer bin ich? Das?*

Arjuna
Nick Ardagh

Warum nicht Jetzt?

Satsang mit Arjuna

Aus dem Englischen von
Wolfgang Höhn

Lüchow

Die Deutsche Bibliothek – CIP Cataloguing-in-Publication-Data
A catalogue record for this publication is available from
Die Deutsche Bibliothek

1. Auflage 2001

Umschlaggestaltung: Designagentur Peter Krafft, Bad Krozingen
Lektorat: Henning Sabo
Korrektur: Werner Biedenkopf
Satz: DTP+ Printmediengestaltung M. Heublein, Freiburg i. Br.
Druck und Bindung: Freiburger Graphische Betriebe
Gedruckt in Deutschland
ISBN 3-932761-06-5

Widmung

In unendlicher Dankbarkeit
widme ich dieses Buch denen,
die den Schleier zerrissen haben:
Shri Ramana Maharshi
und Shri H.W.L. Poonja

sowie meinen Söhnen
Abhi und Shuba.

Inhalt

Vorwort 13

1 Das Gegenmittel 15
2 Das Ende des Suchens 29
3 Der Wert des Diamanten 45
4 Entspannen in Dies 47
5 Jenseits wechselnder Erscheinungen 48
6 Bewusstheit an sich 51
7 Das Wirkliche 61
8 Verehre nur Dies 62
9 Genieße das Risiko 63
10 Das Fenster zur Ewigkeit 64
11 Plemplem 66
12 Beginne am Ende 82
13 Der Schlüssel 83
14 Die Gegenseitigkeit des Erwachens 84

15 Lass Vorliebe gehen 88
16 Gib den Kampf auf 89
17 Hochzeit 91
18 Wer will erleuchtet sein? 92
19 Längst schon hier 97
20 Keine Vorbereitung nötig 98
21 Fege den Altar frei 105
22 Eine natürliche Reaktion auf das Leben 106
23 Umarme alles 110
24 Befreiung vom Bedürfnis, frei zu sein 111
25 Was steht dem Finden im Wege? 114
26 Das Individuum ist verdammt 116
27 Die Welle ist schon nass 117
28 Der Geist ist ein Schwindler 119
29 Unsichtbares Geheimnis 121
30 Energie und Bewusstsein 122
31 Ruhe hier 124
32 Lass dich zuerst fallen 125
33 Hör auf das Herz 126
34 Jetzt ist es anders 127
35 Wo willst du hin? 138
36 Im Feuer 140

37 Geh aus und tanze 141
38 Loslassen 144
39 Wir begegnen uns als Anfänger 146
40 Keine Vorlieben 148
41 Sich ergeben 150
42 Der Spiegel 153
43 Zweifel ist ein Gedanke 154
44 Widersprüche im Herzen annehmen 159
45 Göttliche Mutter 162
46 Die Geburt der Liebe 167
47 Umarme den Schmerz 168
48 Saat der Liebe 175
49 Gebrochenes Herz 181
50 Heiße alles willkommen 183
51 Der Ruf des Herzens 184
52 Nutzen 189
53 Natürlicher Respekt 192
54 Nur jetzt 197
55 Deine eigene Wahrheit 198

Über den Autor 201

Shri Bhagavan Ramana Maharshi (1879–1950)

Shri H.W.L. Poonja (Papaji) (1910–1997)

Vorwort

Dieses Buch ist aus den Mitschriften bei öffentlichen Veranstaltungen entstanden, die Arjuna von Mitte Februar 1998 bis Mitte Februar 1999 abgehalten hat. Arjuna leitet solche Treffen mehrmals in der Woche, sowohl hier an seinem Wohnort in Nevada City in Kalifornien als auch in verschiedenen anderen Städten in den Vereinigten Staaten und in Europa. Diese Treffen heißen *Satsang:* Zusammentreffen im Geist der Wahrheit.

Bei einigen dieser Mitschriften blieb die ursprüngliche Dialogform erhalten, es handelt sich hierbei um Gespräche, die Arjuna mit Freunden (alten wie neuen) auf einer Couch führte, die sich vor dem eigentlichen Raum befindet. Andere Mitschriften wurden zu Prosatexten umgearbeitet, hierbei handelt es sich um längere Ausführungen, in denen ein ganz bestimmtes Thema gründlicher und eingehender behandelt wird. Wieder andere Texte haben uns sozusagen spielerisch dazu aufgefordert, sie in eine poetische Form zu bringen, also so etwas wie ein Gedicht aus ihnen werden zu lassen; und wir haben diesem Verlangen in der Regel nachgegeben. Sie werden diese Art poetischer Wiedergaben an ganz verschiedenen Stellen im gesamten Buch finden.

Alles, was Sie hier lesen, wurde von Arjuna in freier Rede vorgetragen, als Antwort auf die Fragen der Teilnehmer. Wir haben uns bemüht, dort, wo es notwendig war, die Grammatik der korrekteren Form anzupassen sowie gelegentliche unwesentliche Abschweifungen zu entfernen; ansonsten blieben Arjunas Worte dem spontanen und unberechenbaren Tanz der Wahrheit mit sich selbst treu. Wir hoffen, dass dieses Buch dem Leser Gelegenheit bietet, tief in den Ozean der eigenen Lebensessenz einzutauchen.

Von einigen der hier vorgestellten *Satsangs* gibt es auch Audio- und Videokassetten. Wir freuen uns, wenn Sie sich mit uns in Verbindung setzen, um weitere Auskünfte zu erhalten.

Kate Bishop, Herausgeberin
Nevada City, Kalifornien, im August 1999

1
Das Gegenmittel

Wenn wir den Zustand menschlichen Daseins betrachten, so lassen sich dazu ein paar ganz einfache, unbestreitbare und grundlegende Beobachtungen machen. Bei diesen handelt es sich aber weder um etwas Besonderes noch um etwas Esoterisches, sondern vielmehr ganz einfach um etwas, das in den Bereich des gesunden Menschenverstandes fällt.

Zuallererst lässt sich feststellen, dass wir Menschen auf die eine oder andere Art und Weise unablässig mit wechselnden Phänomenen beschäftigt sind. Das menschliche Bewusstsein verfolgt ständig die Spur von etwas, das sich ebenso ständig verändert. Habt ihr das bemerkt? Außer in der Nacht, wenn wir in einen Zustand relativer Unbewusstheit – den Schlaf – eintreten, kommt diese Tätigkeit unseres Bewusstseins fast nie zum Stillstand. Doch während der Stunden, in denen wir wachen oder träumen, heftet sich unser Bewusstsein ständig wie eine Klette an irgendetwas, das sich verändert.

Beziehungen sind ein gutes Beispiel dafür. Wenn wir keine haben, sind wir vielleicht ganz glücklich dabei. Doch wenn wir eine Beziehung haben, klebt unser Bewusstsein an dieser und redet von »meiner Beziehung« – und so mag wohl alles auch eine Zeitlang gut gehen. Doch dann kommt irgendwann der Zeitpunkt, wo die andere Person uns verlässt oder stirbt oder sich die Umstände in irgendeiner anderen Weise ändern und »meine Beziehung« nicht länger existiert. Sie verschwindet wieder, und wir leiden. Auf diese Weise heften wir unsere Aufmerksamkeit an alle möglichen Arten von Situationen, von Menschen und Dingen: unsere Finanzen, unser Auto, unsere

Familie, unsere Kinder. In Wirklichkeit setzt sich also »mein Leben« lediglich aus all den verschiedenen Dingen zusammen, auf die sich unsere Aufmerksamkeit fixiert hat.

So ist nun eben einmal die menschliche Natur beschaffen. Bei mikroskopisch genauer Betrachtung kann man zudem feststellen, dass sich das Bewusstsein, Augenblick um Augenblick, auf Gedanken fixiert. Zuerst einmal gibt es keinerlei Gedanken. Dann entsteht ein Gedanke, und die Aufmerksamkeit heftet sich daran, und alles andere ist auf einmal verschwunden. Wenn der Gedanke an »mein Essen« aufkommt, ist alles andere verschwunden, und »mein Essen« ist alles, was übrig bleibt. Zuletzt verschwindet auch dieser Gedanke wieder, und später können wir uns nicht einmal mehr an seinen Inhalt erinnern.

Dasselbe gilt ebenso auch für »meine Gefühle«. Zunächst einmal ist da nichts, doch dann kommt Ärger auf. Im Allgemeinen machen wir nicht die Erfahrung: »Ich erfahre gerade Ärger.« Stattdessen sagen wir: »Ich bin jetzt ärgerlich.« Das Objekt, das durch das Filter des Ärgers gesehen wird, ist nun vollständig gefärbt von Ärger.

Ähnliches gilt für die Empfindungen in »meinem Körper«, welche die Bewusstheit gänzlich überschatten. Wir sagen »Ich bin krank« oder »Ich bin müde«, und wir identifizieren uns total mit diesen Gefühlen.

So ist eben die menschliche Natur beschaffen. Ich kenne niemanden, der davon nicht betroffen ist – und wie ist es mit dir? Mag sein, dass Sri Sri Sri Bananandaraj von sich behauptet, nicht von all dem betroffen zu sein, aber ich bin wirklich noch keinem Menschen begegnet, der gegen diese wechselnde Prozession der Phänomene immun ist. Dies ist zweifelsohne unser Los als menschliche Wesen.

An zweiter Stelle steht die unbestreitbare Feststellung, dass wir Menschen eine ganz schöne Menge unnötigen Leidens auf uns laden. Damit meine ich nicht die unvermeidlichen Schmerzen und Beschwerden im Körper oder die unausweichlich veränderlichen Phänomene des Lebens: Menschen sterben, Dinge wandeln und ändern sich. Hier möchte ich auf das unnötige Leiden hinweisen, auf die durch Gedanken erzeugten Qualen, die einfach unnötig sind. Es ist schwierig, das bei sich selbst zu erkennen. Wir denken nämlich nicht: »Oh, ich erfahre gerade unnötiges Leiden.« Stattdessen sagen wir: »Ich habe ein hartes Los; ich bin mit einem kompletten Idioten verheiratet«, oder »Meine Kinder machen mich total verrückt«, oder »Mein Job ist nichts für mich; ich verdiene nicht genug und kann meine Rechnungen nicht bezahlen.« Und dann reden wir uns ein, dass wir aus diesen Gründen leiden müssen.

Wenn du eine andere Person betrachtest, zum Beispiel einen Nachbarn oder einen Freund, dann kannst du das überflüssige Leiden deutlich erkennen. Wenn du eine andere Person, die total aufgewühlt ist, betrachtest, sieht es für die betreffende Person selbst so aus, als hätte sie wirklich ein ernsthaftes Problem. Aber du möchtest dieser Person nur sagen: »Entspanne dich einfach. Wenn du einfach ein bisschen geduldig und entspannt sein könntest, wäre alles in Ordnung.« Hast du nicht auch manchmal dieses Gefühl, wenn du mit deiner Familie oder deinen Freunden zusammen bist? Es ist ziemlich einfach, diesen unnötigen Kampf in den Menschen um uns herum zu erkennen, aber es ist sehr schwer, ihn in uns selbst zu sehen.

Dies sind zwei unvermeidliche, unleugbare Tatsachen über die menschliche Existenz, und daran ist überhaupt nichts besonders Spirituelles, Erleuchtetes oder Esoterisches. Fest steht einfach nur die Tatsache, dass sich das Bewusstsein unablässig an wechselnde Geschehnisse heftet und wir unnötig viel leiden. Im Grunde ist das wirklich sehr einfach.

Da ist noch etwas anderes, etwas so Einfaches und Offensichtliches, dass es unserer Aufmerksamkeit meistens entgeht. Was siehst du, wenn du dich in dem Zimmer, in dem du gerade sitzt, umschaust? Vielleicht siehst du Vorhänge, Blumen, Möbel oder auch andere Menschen. Eine Sache, an die du wahrscheinlich nicht denken wirst, ist die Luft in diesem Zimmer. Du siehst die sichtbaren Dinge, ohne die Luft zu bemerken, obwohl das Zimmer in der Tat voll davon ist. Dieser Raum ist voll Sauerstoff und Stickstoff, aber wir denken überhaupt nicht an die Luft. Wir richten unsere Aufmerksamkeit auf die Objekte, die den Raum ausfüllen.

In der menschlichen Erfahrung gibt es etwas Ähnliches, das fast immer übersehen wird. Das hat nichts mit Islam, Hinduismus, Buddhismus oder irgendeiner Art von »Ismus« zu tun, sondern mit einem einfachen, praktischen und gesunden Menschenverstand. Sobald du den entscheidenden Punkt erkennst, fällt das ganze Kartenhaus in sich zusammen, und du lebst in einem anderen Universum. Dies ist die gute Nachricht. Zufälligerweise wurde mir dieses Geheimnis von einem indischen Freund verraten, aber er hätte genauso gut Franzose sein können. Das würde überhaupt keinen Unterschied machen. Dieses Geheimnis ist für jeden offen.

Alle Gedanken, alle Gefühle, alle körperlichen Empfindungen, alle scheinbaren Probleme haben eines gemeinsam, das fast immer übersehen wird: die Natur, das Wesen dessen, der Erfahrungen macht. Damit es überhaupt einen Gedanken gibt, muss es etwas »Gedankenloses« geben, das den Gedanken erfährt. Das ist doch klar. Damit ein Gedanke als Gedanke erkannt wird, muss es etwas geben, das nicht denkt, etwas, das den Gedanken bemerkt. Damit wir sagen können »Ich habe einen Gedanken«, muss etwas anderes als das Denken diesen Gedanken erkennen.

Dasselbe gilt, wenn du eine Gefühlsregung in dir bemerkst: »Ah, da ist Ärger.« Meistens sind wir darin ja so sehr verfangen, dass wir den Ärger nicht einmal bemerken – wir sehen einfach das Objekt durch unseren Ärger. Aber sobald wir Ärger, Eifersucht, Furcht, Angst oder Freude bemerken, wird es ganz offensichtlich, dass es etwas anderes als Gefühl ist, das die Gefühle bemerkt. Wir könnten das vielleicht Frieden nennen. Etwas Friedliches bemerkt die aufgewühlten Gefühle.

Dasselbe gilt auch für den physischen Körper. Wir bemerken Empfindungen im physischen Körper. Aber offenbar bemerkt etwas Nicht-Körperliches, etwas Formloses diese Empfindungen im Körper. Auch das ist bloß gesunder Menschenverstand. Um Empfindungen im Körper zu bemerken, muss es etwas »Körperloses« geben, um eben diesen Körper zu bemerken; und das wird fast immer übersehen. Sobald wir das erkennen, wird alles sehr einfach. Aber wann immer dann wieder ein Gedanke aufkommt, vergessen wir das »Gedankenlose«, das den Gedanken bemerkt. Wann immer wieder Gefühle aufkommen, vergessen wir den Frieden, der die Gefühle bemerkt. Und wann immer wir wieder den Körper als Körper erfahren, vergessen wir das »Körperlose«, welches den Körper bemerkt. Viele Menschen, die dies hören, mögen sich nun fragen: »Na und?«

Das genau ist die Essenz von dem, das ich mit euch teilen möchte, dieses »Na und?« Lasst uns zusammen entdecken, warum dieses Geheimnis, wenn es einmal erfasst und bemerkt wird, das gesamte Wesen von allem und jedem ändern kann. Ich behaupte nicht, dass euer Leben dadurch zwangsläufig besser wird. Es geht hier nicht um Selbstverbesserung. Die Dinge können sich bessern, doch dafür gibt es keine Garantie. Es gibt etwas sehr viel Tieferes als Selbstverbesserung. Die meisten von uns, die in diesem Kulturkreis aufgewachsen sind, haben sich schon auf vielerlei Weise darum bemüht, ihr Leben zu verbessern; aber gerade die Tatsache, dass wir in dieser Hinsicht schon so viel unternommen haben, legt den Verdacht nahe, dass irgendetwas dabei nicht so gut funktioniert, wie wir es erhofft hatten. Das deutet auch darauf hin, dass da etwas an der Selbstverbesserung ist, das nicht ganz dem entspricht, was die Werbung uns versprochen hat.

Wir haben auf so vielerlei Weise versucht, unsere Gedanken, unsere Gefühle und unsere Verhaltensmuster zu ändern. Wir haben versucht, negative Gedanken in positive, unangenehme Gefühle in angenehme und gestörtes Verhalten in produktives Verhalten umzuwandeln. Wir haben positive Affirmationen auf die Kühlschranktür oder auf den Spiegel geklebt. Aber wie gut hat das alles funktioniert? Und wie lange hat es gewirkt? Wie erfolgreich sind wir in dem Bemühen, die Gewohnheiten dieses »menschlichen Affen« zu verändern? Die meisten von uns müssen feststellen, dass wir darin nicht besonders erfolgreich waren und sind. Lasst uns untersuchen, warum die Frage »Wer ist es, der all dies erfährt?« so umwälzende Wirkungen hat. Obwohl uns diese Frage vielleicht nicht zu besseren menschlichen Affen macht, öffnet sie uns die Augen für *Das*, was überhaupt kein menschlicher Affe ist.

Woher kommt die Schönheit, wenn du ein Bild betrachtest? Ganz gleich, ob es sich dabei nun um die »Mona Lisa«, um die »Geburt der Venus« oder um etwas anderes handelt, das du schön findest? Wo ist die Quelle der Schönheit? Die Schönheit kommt ja doch offensichtlich nicht aus dem Gemälde selbst, denn sonst würden alle Menschen darin übereinstimmen, dass ein bestimmtes Bild schön und ein anderes hässlich ist. Offenbar muss also die Schönheit von irgendwo anders her auf das Bild projiziert werden.

Genauso ist es, wenn du an jemanden denkst, den du wirklich liebst. Wenn du an diese Person denkst oder sie siehst, fühlst du ein Aufwallen der Liebe in deinem Herzen. Aber würde ich dieselbe

Liebe wie du empfinden, wenn ich die von dir geliebte Person auf der anderen Seite des Raums erblicken würde? Wenn ich sie nicht kenne, ist das unwahrscheinlich. Ich habe zwei kleine Söhne, von denen der eine fünf und der andere acht Jahre alt ist. Der Achtjährige ist ein sehr starker Junge. Er hat eine Menge Energie. Ich liebe ihn, er ist schließlich mein Sohn. Wenn ich ihn in der Schule abhole, blicke ich über den Spielplatz auf alle Kinder, und wenn mein Auge auf ihn fällt, entflammt mein Herz in Liebe, eben weil er mein Sohn ist. Aber nicht jedermann empfindet dasselbe, wenn er meinen achtjährigen Sohn sieht. Wo also ist die Quelle der Liebe? Woher kommt sie? Sie kommt aus dir und wird projiziert auf das Objekt. Das muss so sein. Denn wenn die Liebe von meinem Sohn käme, dann würde sich ja jeder so wie ich in ihn verlieben. Darüber wäre er natürlich sehr glücklich, aber in Wirklichkeit verhält es sich eben nicht so. Liebe kommt aus dem Bewusstsein, aus dem Wahrnehmenden; aber dies ist nicht die Art und Weise, wie wir unser Leben leben. Wir begegnen einer anderen Person und verhalten uns so, als wäre sie die Quelle unserer Liebe. Wir sagen: »Verlass mich nicht! Bleibe bei mir! Ich möchte deine Liebe nicht verlieren.« Aber wenn diese Person dann versucht, von uns fortzugehen (was sehr wahrscheinlich geschehen wird, gerade weil wir uns so sehr an sie klammern), fühlen wir uns verlassen.

So gibt es alle möglichen Arten von Dingen, an denen wir auf diese Weise kleben. Wir sagen: »Dies ist die Quelle meines Glücks, die Quelle meiner Sicherheit, die Quelle meiner Liebe, die Quelle meines Wohlbefindens.« Aber all diese schönen Dinge wandeln und verändern sich; sie werden schließlich verschwinden, und in diesem Augenblick leiden wir. Dies wird dir vielleicht nicht klar, wenn du dein eigenes Leben betrachtest, eben deshalb, weil die Verhaftung so stark ist. Aber wenn du eine andere Person betrachtest, wird dir klar, dass es diese Verhaftung ist, die mehr Leiden verursacht als die Anwesenheit oder die Abwesenheit eines bestimmten Objekts. Wenn du Menschen betrachtest, die gerade ein Beziehungsdrama durchmachen, wird ganz offensichtlich, dass es ihnen zuvor, zum Beispiel ein Jahr bevor sie sich auf diese Beziehung einließen, gut ging, wahrscheinlich sogar besser als jetzt. Dann wurden sie in eine Beziehung verwickelt, die Dinge gerieten in Unruhe, und als die Beziehung zu

Ende ging, fingen sie an zu leiden. Ganz offensichtlich also stammte das Glück nicht aus dem Objekt; denn es ging ihnen ja gut, bevor das Drama begann.

Dafür gibt es ein Gegenmittel. Wenn dieses Gegenmittel angewandt wird, funktioniert es zu hundert Prozent. Ich bin hier bei euch, nur um euch dieses Gegenmittel zu bringen. Ich reise in verschiedene Städte, um dieses Serum auszuliefern und die Gesundheit, die es bewirkt, zu feiern.

Allerdings wirkt das Gegenmittel nur, wenn du es benutzt. Wenn du krank bist, kannst du in die Sprechstunde gehen und der Arzt sagt dir vielleicht: »Das ist nicht so schlimm; diese Krankheit ist sehr leicht zu heilen. Du musst nur diese spezielle Verschreibung einnehmen.« Und dann übergibt er dir ein Stück Papier. Aber dieses Papier heilt die Krankheit nicht. Wenn du das Rezept lediglich in die Tasche steckst, wird ganz bestimmt nichts geschehen. Du musst mit dem Stück Papier zur Apotheke gehen, dort eine kleine Flasche kaufen und den Beipackzettel lesen. Und wenn du nach Hause kommst, dann wirst du dir eine Pille in den Mund stecken. Daraufhin werden die Symptome verschwinden, zumindest dann, wenn dir der Doktor die richtige Medizin verschrieben hat.

Mit diesem Gegenmittel verhält es sich genauso. Es hilft nur dann, wenn es angewandt wird. Es eröffnet eine Perspektive, die zuweilen »erwachte Sicht« genannt wird. Manche Leute geraten darüber völlig in Verzückung und nennen sie »erleuchtete Schau«. Ich würde es einfach »gesunden Menschenverstand« nennen oder »geistige Gesundheit«. Denn im Vergleich dazu erscheint die Art und Weise, wie wir den weitaus größten Teil unseres Lebens zubringen, in höchstem Maße unvernünftig.

Das simple Gegenmittel für alles, was wir hier untersucht haben, besteht in der einen schlichten Frage: »Wer bin ich? Wer ist derjenige, der dies alles erfährt?«

Das ist keine spirituelle Praxis, obwohl man versucht sein könnte, eine solche daraus zu machen. Es ist ähnlich wie bei der Frage »Wie viel Uhr ist es?« Du stellst dir diese Frage, und dann schaust du ganz einfach auf deine Uhr, um die Antwort abzulesen. Oder zum Beispiel auch die Frage: »Welche Farbe hat der Teppich?« Du stellst sie dir und dann schaust du nach unten, um die Antwort zu bestimmen.

Um die Antwort auf irgendeine Frage zu finden, muss man sie in dieser direkten Weise angehen. Und mit dieser einen Frage verhält es sich genauso. Wenn du dir aufrichtig die Frage »Wer bin ich?« stellst, in der ehrlichen Absicht, die Antwort zu finden, dann wirkt das Mittel gegen das Leiden augenblicklich.

Lenke deinen Blick zurück in dich selbst, genau in diesem Moment, und finde heraus, was da wirklich ist. Schau zurück in den Erfahrenden selbst – und was findest du? Was ist da? Was für eine Art von »etwas« oder »nichts« findest du, wenn du dich fragst: »Wer bin ich?«

(Nach einem Moment des Schweigens kommt eine Antwort aus dem Kreis der Teilnehmer): *Einfach Bewusstheit.*

Gut. Doch wie ist Bewusstheit beschaffen? Was ist das Wesen von Bewusstheit?

Sie ist sehr offen. Sie hat keinerlei Inhalt.

Wenn du ein Maßband nehmen und sie messen würdest – wie groß ist sie?

Sie ist unendlich. Sie ist überhaupt nicht in dieser Sphäre der Begrenztheit.

Wenn du in die Bewusstheit selbst zurückblickst – wann wurde sie geschaffen?

Sie hat weder Anfang noch Ende.

Ausgezeichnet! Sie ist ewig. Sie hat weder Anfang noch Ende. Sie ist zeitlos. Sie ist unendlich und ewig. Und wer bist du?

Ich bin ***Das****.*

»Ich bin Das«, was unendlich und ewig ist. Wenn du nun einen Augenblick in dieser Erkenntnis ruhst – »Ich bin Das.« – welches Problem gibt es in diesem Augenblick?

Kein wirkliches Problem.

Kein wirkliches Problem. Ich höre gerne, wie du das sagst. Wir könnten uns irgendwelche Probleme einbilden, aber wenn wir in der schweigenden Antwort auf diese Frage »Wer bin ich?« ruhen, ruhen wir als Das, was unendlich und ewig ist, und da gibt es kein wirkliches Problem. Und sage mir: Wenn wir als Das ruhen, was unendlich und ewig ist, kannst du dann tatsächlich hier etwas Wirkliches finden, das »der Geist« genannt werden könnte? Wenn du denkst, kannst du dir alles Mögliche einbilden – dann bildest du sofort Begriffe. Aber wenn du einfach in dem verweilst, was unendlich und ewig ist, gibt es da etwas Wirkliches, das »der Geist« genannt werden kann?

Nein, da ist nichts Wirkliches dieser Art.

Aus dieser Wachheit gesehen – gab es da jemals irgendetwas Wirkliches, das »der Geist« genannt wurde?

Nein.

Gibt es da etwas Wirkliches, das Ego genannt werden kann? Wenn du bei der Antwort verweilst, die auf diese Frage auftaucht, ist da irgendetwas, das eine getrennte Entität ist, getrennt vom Bewusstsein an sich?

Es erscheint getrennt.

Ja, es erscheint getrennt. Aber ist das wirklich oder bloß Produkt des Denkens? Wenn wir dem Denken keine Beachtung schenken, gibt es dann etwas Wirkliches, das getrennt ist?

Nein.

Was dieser Mann da sagt, ist genau dieselbe Erkenntnis, von welcher der Buddha in seiner Lehre Zeugnis abgelegt hat. Es ist dieselbe Erkenntnis, von der Lao Tzu im *Tao Tē Ching* spricht. Es ist dieselbe

Erkenntnis, die sich wie ein roter Faden durch die Lehren des Zen sowie des Dzogchen im tibetischen Buddhismus zieht. Es ist auch das, was Jesus meinte, als er sagte: »Ich und mein Vater sind eins.« Das, wovon nun die Rede ist, ist die »ewige erwachte Schau«. Und die gute Nachricht ist, dass jeder – und ich meine hier wirklich »jeder« –, also nicht nur Leute, die auf der Suche waren oder die richtigen Bücher gekauft oder die richtige Praxis geübt haben, sondern jeder dies jetzt haben kann, jetzt und jetzt und jetzt. Jeder kann dies haben, überall.

Dieses Mittel gegen das Leiden ist einfach bloß »gesunder Menschenverstand«. Zufällig ist es aus den asiatischen Traditionen heraus überliefert worden, weil ihre Aufmerksamkeit mehr den inneren als den äußeren Dingen galt. Und vielleicht haben sie heutzutage gerade aus diesem Grund unter ihren eigenen Problemen zu leiden, denn es gibt nämlich viele Seiten des Wirtschaftslebens, die in der materiellen Sphäre in den östlichen Ländern nicht so gut funktionieren, eben weil die Aufmerksamkeit einer anderen Dimension galt. Inzwischen erleben wir aber die Wirkungen einer gegenseitigen Befruchtung. Sie lernen zur Zeit etwas über Computertechnologie, und wir können von ihren Traditionen, die auf das Ewige ausgerichtet waren, profitieren. Computer sind von Natur aus nichts Amerikanisches; ein Computer funktioniert in Indien genauso gut wie in Amerika. Wenn ein Inder zu dir sagen würde: »Ich weiß nicht, ob ich deinen Computer benutzen soll; er ist amerikanisch, und ich bin Inder«, könntest du ihm erklären: »Nein, der Computer ist nur ein Computer. Du kannst ihn überall benutzen. Er muss nicht allein in Amerika benutzt werden.« Ebenso ist dieses Gegenmittel, der einfache gesunde Menschenverstand, überall anwendbar, obwohl es im Orient weiter verbreitet war.

Das, wovon wir hier sprechen, gilt für alle sechs Milliarden Menschen auf diesem Planeten. Dies ist wirklich eine sehr gute Nachricht. In den sechziger Jahren erwachte im Westen ein Durst nach etwas Substantiellerem als dem, was das Auge sieht. Wir dachten über unsere Eltern und die von ihnen geschaffene Zivilisation nach, und für viele von uns war irgendetwas nicht in Ordnung. Wir begannen, Lehrer aus anderen Kulturen zu importieren, indem wir dachten: »Nun gut, offensichtlich wissen weder unsere Politiker, was da los ist, noch unsere religiösen Führer, noch unsere Eltern; lasst uns deshalb etwas Neues importieren. Vielleicht haben andere Kulturen ein besseres Verständnis von dem, was im Leben wirklich von Bedeutung ist.« Wir importierten Inder, Tibeter, Chinesen – lauter Leute, die sich so weit wie möglich unterschieden von dem, was uns vertraut war, und die uns, so traurig es auch ist, letztendlich ebenfalls enttäuschten.

Wir stellten übereinstimmend fest, dass sie die Erleuchteten waren, weil sie aus dieser Sicht sprachen. Die meisten hatten lange Bärte, lange Gewänder, lange unaussprechliche Namen und – sobald sie sich einmal bei uns in Amerika niedergelassen hatten – langgestreckte Limousinen. Allmählich gewöhnten wir uns an dieses Muster von Erleuchtung. Der heilige Mann pflegte auf dem Thron zu sitzen und aus dieser Perspektive zu sprechen; wir pflegten auf dem Boden zu sitzen und zu sagen: »Das da oben ist Erleuchtung. Ich bin nur ein geringerer Sterblicher, der mit seinen Problemen beschäftigt ist; vielleicht werde ich eines Tages auch so sein.« Viele von jenen Lehrern sagten uns zwar immer wieder: »Nein, nein, auch ihr seid *Das*!« Gewöhnlich dachten wir dabei: »Ich vermute, dass dies letzten Endes wahr sein könnte, und wenn ich später einmal erleuchtet bin, wird es bestimmt wahr sein. Aber in diesem Moment habe ich zu kämpfen, und ich täte besser daran, auf den heiligen Mann auf dem Thron zu hören.«

Während der siebziger Jahre schufen die meisten von jenen Lehrern große Organisationen, von denen viele in den achtziger Jahren etwas korrupt geworden sind. Das sage ich nicht, um mit dem Finger hier und da auf einen bestimmten Lehrer zu zeigen, sondern weil wir alle menschlich sind. Keiner kann eine Projektion perfekt bewahren. Wir haben diese armen Leute in so erhabene Positionen gesetzt. Wir haben so viele Phantasievorstellungen auf sie projiziert. Da predigte einer von ihnen Enthaltsamkeit, während er sich im Hinterzimmer mit einer »Teenagerin« amüsierte. Ein anderer predigte Verzicht, während er eine Menge Geld auf einem dicken Konto in der Schweiz anhäufte. Was hätten wir erwarten sollen? Während der achtziger Jahre kam heraus, dass viele von jenen Lehrern nicht unseren Träumen entsprachen, und wir wurden enttäuscht. Doch dabei würde ich die Verantwortung nicht allein den Lehrern anlasten. Schließlich haben wir alle wie die Verrückten projiziert.

Doch jetzt gibt es eine gute Nachricht. Wir brauchen das nicht mehr zu tun. Gleichzeitig mit den Löchern in der Ozonschicht sind große Löcher im kollektiven Schleier der Trennung entstanden. Als diese Lehrer in den sechziger Jahren zuerst hier bei uns ankamen, war es uns unmöglich, zu direkter Verwirklichung zu gelangen. Es war nahezu unmöglich. Auch wenn wir die richtigen Worte gehört und sie wortwörtlich wiederholt hätten, wäre es uns bis vor wenigen Jahren nicht möglich gewesen, fest in der Erkenntnis »Ich bin Bewusstheit, unendlich und ewig« zu verweilen. Eine solche Erkenntnis wurde den gewöhnlichen Menschen des Westens nicht zuteil oder wenn, dann nur sehr flüchtig. Doch begann das Bewusstsein sich im letzten Jahrzehnt, den neunziger Jahren, in unserer Kultur zu verändern. Wenn wir heute nach Lehren des Erwachens suchen, dann kommen diese meistens von gewöhnlichen Menschen des Westens – Menschen, genauso wie du und ich. Es gibt nur noch wenige indische Lehrer im Westen. Heutzutage sind in Amerika die spirituellen Lehrer von Rang, wie Byron Katie, Catherine Ingram, Isaac Shapiro, Hanuman oder Satyam Nadeen allesamt Amerikaner. Jetzt gibt es eine neue Generation, und es liegt alles bei uns. Die gute Nachricht lautet: Wenn dieser Wechsel von der Identifizierung mit Form hin zum »Sein der Formlosigkeit« sogar einer ganz gewöhnlichen westlichen Person mit Kindern, Bankguthaben und so weiter widerfahren kann, dann kann er auch dir widerfahren. Es gibt wirklich für niemanden mehr einen Grund, noch länger ein Suchender zu sein. Hier und jetzt, heute Abend, könnt ihr eure Sucher-Abzeichen abnehmen. Ich empfehle euch aber nicht, Finder-Abzeichen an ihre Stelle zu stecken, weil das lediglich eine andere Form von Identifizierung ist. Du kannst reine Bewusstheit, Bewusstsein an sich sein. Dies ist eine zutiefst positive Nachricht.

Lasst uns ganz wahrhaftig und ehrlich zueinander sein. Wie jeder, der die ewige Wahrheit lehrt, sitze ich hier in einer etwas gefährlichen Position. Dieser Sitz hat das Potential zu gewaltiger Projektion. Daran ist niemand schuld; es ist einfach die Inszenierung der Situation, das ein gewisses Maß an Projektion fördert. Deshalb möchte ich ganz klar sagen: Ich bin von meinem Lehrer aufgefordert worden – und der war so seinerseits von seinem Lehrer aufgefordert worden –, diese gute Nachricht weiterzugeben. Ich sitze hier als Bote

Dessen, das euch hier und jetzt zugänglich ist. Aber in jeder anderen Hinsicht bin ich genauso wie ihr. Du könntest die extremsten Gründe dafür anführen, warum du glaubst, dass du dieses Erwachen nicht in diesem Augenblick haben kannst: »Nun ja, ich ärgere mich über meine Kinder.« Das geht mir genauso. »Nun ja, ich mache mir Sorgen über meine finanzielle Situation.« Das geht mir genauso. »Nun ja, wenn ich nicht genug Schlaf bekomme, werde ich unleidlich.« Das geht mir genauso.

Nichts davon ist so, wie es für den Geist zu sein scheint. Es hat gar nichts damit zu tun, irgendetwas zu verändern. Zu versuchen, die Dinge zu verbessern, ist natürlich kein Fehler. Aber in Wirklichkeit wird es leichter, Verbesserungen zu machen, wenn du dich davon des-identifizierst, das zu sein, was du zu ändern suchst. Wenn du deine Kinder anschreist – obwohl es wahrscheinlich besser ist, sie nicht anzuschreien –, dann hat das nichts mit Verwirklichung oder Nicht-Verwirklichung zu tun. Deine Persönlichkeit kann ziemlich neurotisch sein, aber dennoch ist die Verwirklichung absolut zugänglich für dich. Dies ist eine großartige Nachricht! Du kannst jetzt, jetzt die Freiheit erlangen, so wie du bist. Es spielt überhaupt keine Rolle, was für eine Persönlichkeit du hast. Nichts davon spielt wirklich eine Rolle. Alles, was in deinem Leben geschieht, auch das Schlimmste, kann für dich zu einer Einladung werden, noch tiefer in den Zustand der Wachheit einzudringen. Leiden ist wahrscheinlich das beste Mittel, um die Tiefen der Erkenntnis zu erreichen. Leiden schneidet die Verhaftung ab. Dies ist eine zutiefst gute Nachricht. Am Übergang in ein neues Jahrtausend ist dies genau der richtige Zeitpunkt, an dem es zu einem weit verbreiteten Erwachen kommen kann.

Ich besuche zahlreiche Städte in den Vereinigten Staaten und in Europa, und überall machen die Leute dieselbe Erfahrung. Am Anfang haben alle Leute Zweifel, weil diese Erfahrung so elementar und dabei so normal ist, dass sie gar nicht glauben wollen, dass es so einfach sein könnte. Aber es ist gerade diese Einfachheit, die es dir erlaubt, als die Quelle der Liebe zu ruhen – als Quelle all dessen, nach dem du gesucht hast.

Jede Art von Erfüllung, die du in deinem normalen Leben finden wolltest, steht dir in diesem gegenwärtigen Moment, hier und jetzt, in ihrer reinsten Form zur Verfügung. Probiere es selbst aus! Es gibt absolut keinen Grund dafür, irgendetwas von dem hier Gesagten einfach gutgläubig zu akzeptieren. Dies hier ist eine ganz und gar wissenschaftliche Untersuchung. Ich empfehle dir daher, dich nur mit dem zufrieden zu geben, was deiner eigenen Erfahrung auch wirklich vollständig entspricht.

2 Das Ende des Suchens

Du sagst, dass nichts geschieht, und alles, was es braucht, diese Sekunde ist. Warum geschieht es dann in dieser Sekunde nicht mir und allen in diesem Raum? Warum verbringen die Leute viele Stunden oder zwei Tage mit dir, wenn es wirklich stimmt, dass nichts geschieht und alles, was man braucht, die Sehnsucht ist? Warum ist es nicht spontan?

Wegen der angehäuften Vorstellungen.

Warum können die angehäuften Vorstellungen nicht in einer Sekunde losgelassen werden?

Sie können.

Warum werden sie dann nicht losgelassen?

Warum sie nicht losgelassen werden? Weil wir uns an sie klammern.

Warum können sie nicht hier und jetzt losgelassen werden?

Sie können. Willst du sie hier und jetzt loslassen?

Ja.

Komm hoch zu mir. Aber pass auf, ich meine es ernst.

(*Sie steigt auf die Bühne*)

Was willst du wirklich, nun, da du hier bei mir sitzt? Willst du wirklich, dass dem Suchen ein Ende gemacht wird?

Ja.

Könntest du das stärker werden lassen als die Notwendigkeit, Recht zu haben?

Mein Kopf wird leer, wenn du diese Fragen stellst.

Das macht nichts. Antworte einfach aus deinem Herzen. Könntest du die Sehnsucht, dem Suchen ein Ende zu machen, stärker werden lassen als die Notwendigkeit, immer Recht zu haben?

Ja.

So, und nun, während du hier sitzt, mit einem neuen Gesicht vor dir, mit einer neuen Person, lass die Augen einfach so, wie sie sind. So ist es gut. (Nebenbei möchte ich dich darauf hinweisen, dass du ganz reif bist. Du bist schon dabei, vom Baum zu fallen. Man muss nur etwas auf dich pusten.) So, in diesem Augenblick, wo du hier sitzt, diese Form siehst und bemerkst, was da vorgeht – wer bemerkt diese Dinge? Schau einfach zurück in dich selbst und finde heraus: »Wer bin ich?«

Mein Kopf wird leer.

Sehr gut. Verweile einfach da bei dem »Mein Kopf wird leer«. Wenn du dich fragst »Wer bin ich?«, was findest du dann?

Nichts.

Gut, nichts. Verweile nun einfach als solches. Und nun von hier aus, gab es da jemals etwas, das auf jene Frage geantwortet hat?

Nein.

Gut, nein. Könntest du dich nun einfach etwas mehr entspannen in das, was gesehen worden ist? Könntest du dich einfach einen Augenblick lang in diese Wirklichkeit entspannen, dass da nichts ist, das »Ich« genannt werden könnte? Könntest du dich einfach einen Augenblick lang in die Erkenntnis entspannen, dass es da keinen gibt, der dies erfährt?

Ich kann das nicht glauben.

Das macht nichts. Du musst das nicht glauben. Es ist aber gesehen worden, nicht wahr? Du hast gefragt »Wer bin ich?«, und da ist nichts gefunden worden. Könntest du nun – nur einen Augenblick lang – die Unausweichlichkeit dessen genießen?

Nichts ändert sich. Ich suche nach etwas, um mich anders zu fühlen.

Genau. Was hat der Buddha gesagt? »Nichts geschah mir unter dem Bodhibaum.« Darauf warten, dass etwas geschieht, ist das, was du dein ganzes Leben lang getan hast. Verstehst du das? Dein ganzes Leben lang hast du auf eine Erfahrung gewartet, und dies wird Suchen genannt.

Sag mir nun, könntest du nur einen Augenblick lang aufhören, darauf zu warten, dass etwas geschieht?

Ich weiß nicht.

Ich bitte dich nicht, das zu tun. Ich frage dich nur theoretisch: Könntest du einfach die Gewohnheit des Wartens beiseite lassen? Ist es dir möglich, das einen Augenblick lang beiseite zu lassen?

Mein Kopf wird leer, wenn ich ...

Genau! Natürlich wird er leer. Könntest du dich in diese Leere entspannen? Leere ist genau da, wo es ist! Sei einfach einen Augenblick lang leer. Du siehst, du wartest auf ein Feuerwerk, das doch nichts als eine neue Erfahrung wäre. Wenn du aber wirklich zur Sache kommst, bleibt überhaupt keine Erfahrung übrig, und das ist ungewohnt. Es ist nicht das, was der Geist erwartet. Der Geist hat sich ein komplettes Märchen über Erleuchtung zurechtgelegt.

Nun, »Freiheit« hört sich doch prima an. Dieses »Nichts« fühlt sich nicht so an.

Sei ein bisschen geduldig! Wir können noch viel tiefer gehen.

Wir sind immer noch nicht da? Dann ist das eine andere Erfahrung.

Nein. Wir sind hier. Aber wir haben uns vielleicht noch nicht voll in dieses Hier entspannt, siehst du? Zum Beispiel sind wir hier in Fairfield in Iowa, richtig? Aber solange wir uns nach Paris sehnen, haben wir uns noch nicht ganz in die Tatsache entspannt, dass wir in Fairfield sind. Es ist so, als wärest du gefahren und gefahren und würdest endlich in Fairfield ankommen. Du parkst dein Auto, aber du bist so sehr an das Fahren gewöhnt, da du ein bisschen Zeit brauchst, um zu entspannen und zu merken: »Ich bin angekommen!«

Also – das ist es?

Das ist es immer gewesen.

Ja, aber das kann es nicht sein. Es ist nichts.

Das ist richtig, es ist nichts!

Aber was soll das!?

Genau! Das ist der springende Punkt! Was soll's? Warum so ein großes Theater um etwas machen, das so einfach ist?

Aber wenn mein Körper in diesem Moment unter starken Schmerzen leiden würde, dann weiß ich, dass dies nicht ausreichen würde. Ich glaube, ich wäre dann immer noch stark verhaftet und würde denken: »Was soll's?« Ich erfahre dabei keine Freiheit. Verstehst du, was ich sagen will?

Ja, ich verstehe es. Doch eines kann ich dir mit Gewissheit sagen: Wenn du zu jener Leere gelangst und wenn du sie ganz genießen könntest als das, was sie ist, dann würde sie dir alles, was du willst, geben. Du aber verwirfst sie sofort, weil du mehr an Erfahrungen interessiert bist. So übersiehst du das, was in der Leere verborgen ist.

Was du durchmachst, ist das, was alle durchmachen. Etwas geschieht bei dir – ich kann es in deinen Augen sehen. Etwas beginnt, die Herrschaft über dich zu übernehmen. Verweile einfach darin, okay? Du kannst sagen, es ist nichts, aber ich frage mich, warum deine Augen auf einmal so strahlen!

Alles hängt davon ab, wie wir werten. Wenn du süchtig bist nach neuen Erfahrungen, mehr Veränderungen und mehr Dingen, um das Leben angenehm zu machen, dann wirst du über die Freiheit stolpern und sie völlig übersehen. Du bist zu sehr abhängig von dieser Welt und dem Versuch, das Leben angenehmer zu machen. Du sagst sofort: »Gut, wenn ich Schmerzen hätte, würde mir das nicht helfen, die Schmerzen zu lindern.« Aber dies ist keine Arznei. Dies ist Freiheit.

Nisargadatta Maharaj, einer der größten Advaita-Meister des 20. Jahrhunderts, wurde einmal gefragt: »In welcher Weise wird die Verwirklichung meinem Leben materiell nützen?« Und er antwortete: »In überhaupt keiner Weise. Wenn du versuchst, damit Selbstverbesserung zu erreichen, dann vergiss es lieber ganz.«

Ich möchte keine Selbstverbesserung. Ich möchte mich besser fühlen, mehr Glück, Freiheit, Freude, Liebe fühlen. Möchten das nicht alle? Ist das nicht normal?

Das ist normal, und das nennt man, im *Samsāra* (dem endlosen Strom der Begierden) verfangen zu sein. Was wird geschehen, wenn man hinter mehr Freude und mehr Glück herjagt? Du wirst mehr Leiden erfahren, denn diese Dinge gehen zusammen. Hinter Glück und Freude und all diesen Dingen herzujagen, bringt aufgrund deiner Verhaftung daran nur mehr und mehr Leiden. An einem bestimmten Punkt beginnst du zu erkennen, dass dies alles ein Schwindel ist. Es wird *Samsāra* oder auch *Māyā* (Täuschung) genannt. In diesem Augenblick bist du dann bereit, um herauszufinden: »Wer bin ich?«

Frage dich jetzt. Bist du bereit, die Jagd nach Glück und Vergnügen, nach dem Erwerb der imaginären Wahrheit aufzugeben?

Das Seltsame dabei ist, dass du alles wieder mit Zinsen zurückbekommst. Aber du kannst es nicht in dieser Absicht tun. Du wirst alles bekommen, was du willst, aber jetzt musst du Freiheit und nichts als Freiheit wählen.

Als ich meinen Lehrer Poonjaji traf, sagte ich ihm mit absoluter Aufrichtigkeit, nicht in schönen Worten: »Ich bin bereit zu sterben, wenn es das ist, was nötig ist. Ich bin völlig bereit, dass dieser Körper stirbt. Da gibt es kein Zögern bei mir.« Und das war wahr. Ich war völlig bereit, alles aufzugeben.

Das macht mir zu viel Angst.

Das ist ehrlich. Aber frage dich, wenigstens in diesem Moment: »Wer bin ich?« Frage dich einfach. Wer ist sich hier bewusst? Wer ist hier gegenwärtig? Frage einfach nur das. Frage wirklich: »Wer ist sich all dessen bewusst, was da geschieht?«

(*keine Antwort*)

Ah, da ist Schweigen. Dieses Wort »Ich«, auf was bezieht es sich? Du siehst, du kannst das Wort »Jacke« nehmen, und es hat ein Objekt, das zu ihm gehört – Name und Form, siehst du? Du kannst das Wort »Uhr« nehmen, ein Wort mit drei Buchstaben, das ein Symbol für ein Objekt ist. Finde nun das Objekt, das zu diesem Wort »Ich« gehört. Doch da gibt es nichts Derartiges. Und nun verweile einfach ein wenig dabei. Da gibt es nichts Derartiges wie ein »Ich«, ist es nicht so? Und doch wird dieser Augenblick erfahren? Nicht von einem »Ich« oder »Mir« wird er erfahren, denn nichts Derartiges existiert. Was also erfährt diesen Augenblick?

Ich weiß es nicht.

Aber er wird erfahren, nicht wahr? Dies wird definitiv erfahren.

Es wird wie ein individuelles Etwas empfunden.

Dann suche danach. Suche nach diesem individuellen Etwas; suche es einfach.

Es kann nicht gefunden werden, aber das bedeutet nicht, dass es nicht existiert.

In den vielen Jahren, in denen ich auf diese Weise lehre, die ganze Zeit über, an jedem einzelnen Tag, war niemand je in der Lage, es zu finden. Warum?

Aber etwas muss dies erfahren – oder wir wären nicht hier. Da ist etwas, das Ich ist, und da ist etwas, das Du ist. Da ist etwas.

Das ist, was dir erzählt worden ist. Verweile einfach bei dem, was tatsächlich überprüft werden kann. Kannst du ein Ding finden, das »Ich« genannt wird? Da ist ein Körper, aber kannst du dieses individualisierte Bewusstsein finden?

Kannst du es finden?

Nein.

Und doch wird dies erfahren. All das ist bloß gesunder Menschenverstand, nicht wahr? Du kannst kein »Ich« finden. Ich habe mit Tausenden von Menschen gearbeitet. Kein Einziger von ihnen hat dieses Ding, das man »Ich« nennt, jemals finden können, nicht ein einziges Mal. Ich habe gesehen, wie Poonjaji mit Tausenden von Menschen gearbeitet hat. Ich behaupte nun aber nicht, dass jeder in der Leerheit verweilt, wenn er das »Ich« nicht finden kann. Eine Menge Leute erschaffen einfach diese Vorstellung wieder aufs Neue. Es liegt also ganz bei dir.

Ich möchte das nicht wieder tun.

Dann tu es nicht.

Wie?

Fang an, mit der Hand auf dein Knie zu schlagen.

(*Sie schlägt auf ihr Knie*)

Schlag fest, fester.

(*Sie schlägt fester auf ihr Knie*)

Hör jetzt auf.

Siehst du, du hast aufgehört. Du hast einfach aufgehört, weil es einfach blöd ist, sich aufs Knie zu schlagen. Wie wirst du es schaffen, damit aufzuhören, dir etwas vorzustellen, das nicht hier ist? Hör einfach auf damit. Du hörst auf damit, weil es lächerlich ist, immer aufs Neue etwas zu erschaffen, das nicht existiert. Es dient überhaupt keinem Zweck. Und es führt nur zu unnötigem Leiden. Wenn du noch etwas mehr leiden willst, wenn du noch etwas weiter hinter der Begierde herjagen willst, dann ist das deine Form von Freiheit. Es ist deine Entscheidung. Aber wenn du dich dafür entscheidest, in dieser Erkenntnis zu ruhen, so bist du ebenfalls willkommen. Hier und jetzt, ob es dir gefällt oder nicht, wird darin geruht.

Ja.

Ich danke dir dafür, dass du das zumindest zugibst. Hier und jetzt gibt es ein Ruhen. Verweile nun einen Augenblick lang hier und beantworte noch eine weitere Frage. Da ist nichts in diesem Augenblick, richtig? Ist da irgendein Problem jetzt?

Nein.

Gibt es da etwas, das jetzt erlangt werden müsste? Könntest du einfach so ruhen? Da gibt es so oder so nichts, bei dem man verweilen könnte. Sag mir jetzt, während du als dieses ruhst, beantworte nur eine einfache Frage aus dem Herzen, nicht aus dem Kopf: Wen triffst du hier tatsächlich? Nicht die Form, sondern wer ist es, der jetzt zu dir zurückschaut? Antworte – aus deinem Herzen.

Ganz klar ich.

Schrei es heraus!

Ganz klar ich!

Das ist die Wahrheit. Das ist keine Poesie. Es ist keine Halluzination. Du sitzt wirklich hier mit deinem *Selbst.* Schau dich nun einen Moment lang um; schau in die Augen und sieh, wer hier im Raum ist.

Wie viele sind hier in diesem Raum?

Ich weiß die Antwort, aber mein Kopf wird leer.

Also, komm wieder hierher zurück. Wem begegnest du hier? Langsam, denn wenn du dies auf deinen Altar stellen kannst, anstelle des Nippeskrams, den du darauf versammelt hattest – einschließlich all deines Suchens und deiner vielen Übungen –, wenn du diese Leere auf deinen Altar legen kannst, wirst du allmählich überall »Mich« sehen. Mit »Mich« meine ich dieses *Ich*, das jeder ist.

Du gehst zum Supermarkt. Schau in die Augen der Person, die deine Lebensmittel kassiert: »Da bin ich wieder!« Es ist überall *Du*, und das ist nicht nur Philosophie. Es ist tatsächlich wahr. Sag mir jetzt noch eines: Gibt es in diesem Augenblick hier irgendetwas Wirkliches, das »Ego« genannt wird?

Willst du die Wahrheit hören?

Ja, ich möchte wissen, ob du es finden kannst – und nicht, ob du es dir denken kannst.

Ich glaube, ich kann es mir denken.

Ja, du kannst dir Elefanten ausdenken, die in rosaroter Unterwäsche tanzen. Doch das bedeutet nicht, dass sie hier sind. Du kannst dir alles und jedes denken. Alles kann in Gedanken erzeugt werden. Gibt es da etwas Wirkliches, das «Ego« genannt wird?

Nein.

Gab es jemals etwas Wirkliches, das «Ego« genannt wurde?

In jenen Augenblicken seiner Abwesenheit, nein.

Sogar in den Momenten, wenn es zu existieren scheint – ist da tatsächlich etwas, das »Ego« genannt wird? Oder ist da nur eine Einbildung?

Eine Einbildung.

Verstehst du das? Es ist Einbildung. Der ganze spirituelle Pfad – alles nur Einbildung! Es ist das Einbilden von etwas, das »Ego« genannt wird und das dann beseitigt werden muss. Was für ein Kampf, so hart zu arbeiten, um etwas zu verbannen, das es nicht gibt! Das ist Zeitverschwendung. Alles spirituelle Suchen ist reine Zeitverschwendung. Es ist eine Verschwendung von Leben.

Könntest du nun einfach hier ruhen? Könntest du all die Vorstellungen verbrennen, die du genährt hast? Du musst es nicht tun. Ich frage dich nur: Könntest du es tun?

Ja.

Wirst du es tun? Was hättest du davon, zurückzugehen, bloß um dir alle möglichen Arten von Problemen einzubilden, die du dann wiederum loswerden musst?

Ich fürchte nur, dass die Gewohnheit zurückkommt. Sie ist so stark.

Die Einladung für dich ist da.

Ist da in diesem Augenblick irgendetwas Wirkliches, das »Geist« genannt wird? Kannst du etwas Wirkliches finden, das »Geist« genannt wird?

Ich kann etwas finden, das ganz schön beschäftigt ist.

Du findest Gedanken. Kannst du ein Ding finden, das »Geist« genannt wird?

Nein.

Stehen diese aufsteigenden Gedanken dem im Wege, was du bist?

Sie tun es nicht, aber es sieht so aus, als täten sie es.

Stehen sie im Wege?

Nein, sie tun es nicht.

Die Einladung ist hier, als *Dies* zu verweilen. Du hast die Wahl, deinen Treueschwur dem »Ich kann das nicht« zu leisten, und dann wird das natürlich wahr. Aber du sollst wissen, dass da auch die Einladung ist, diesen Gedanken einfach beiseite zu legen und zu erkennen, dass da keiner ist, der irgendetwas tun müsste. Dies ist die Wahrheit.

Möchtest du versuchen, etwas wirklich Unerhörtes zu tun? Sag ihnen (*deutet auf die anderen im Raum*), wer du wirklich bist! Es ist das, was vonnöten ist, verstehst du? Ich verbrachte ein Jahr bei Poonjaji. Die Verwirklichung war vollkommen intakt, aber da war immer noch ein Schwanken. Dann sagte er zu mir: »Geh und unterrichte. Geh zurück in den Westen und verbreite dies, soweit du kannst.« Ich dachte, er würde mich bitten zurückzugehen, um anderen Leuten zu helfen. Aber er forderte mich auf, für mich selbst zu unterrichten, weil es auf diese Weise stabil wird.

Sag ihnen jetzt, sag ihnen jetzt, wer du wirklich bist.

Ich habe schreckliche Angst.

Ein Grund mehr, es zu tun. Nimm deinen ganzen Mut zusammen! Früher oder später wirst du es tun müssen. Früher oder später wirst du aus diesem Kasten herausmüssen, wenn du *Dies* leben willst. Früher oder später wirst du dich der Welt stellen müssen als eine Frau, die nicht mehr auf der Suche ist. Warum nicht jetzt?

Ich vermute, dass ich es nicht glaube. Persönlich glaube ich es nicht. Ich gehe so oft ein und aus.

Ich verstehe. Wenn du auch nur ein bisschen auf das Denken hörst, dann wird das alles zunichte machen.

Verstehst du, warum? Weil diese Erkenntnis im Grunde der Tod der Denkmaschine ist. Das Denken schreit laut: »Hör nicht auf diesen Kerl! Er ist gefährlich. Er ist ein Scharlatan.« Denn wenn du auf diesen Kerl hörst, herrscht das Denken nicht länger in deinem Reich. Dann stellt sich heraus, dass wirklich jeder einzelne Gedanke eine Lüge ist. Du kannst dein Leben sehr wohl perfekt leben, ohne überhaupt zu denken.

Wirklich?

Absolut. Tatsächlich geht dann alles viel besser.

Was für eine Erleichterung!

Für einen Moment möchte ich jedoch eine Einschränkung machen, damit hier nur die reine Wahrheit gesagt wird. *Dies* zu leben, geht nicht sofort. Die Erkenntnis ist einfach. Irgendwie hat jedes einzelne menschliche Wesen auf diesem Planeten einen Fuß in beiden Lagern, um in einem Körper zu bleiben.

Was ist dann der Unterschied?

Das Aufgeben des Suchens, das ist alles. Der Inhalt ändert sich nicht zwangsläufig. Gedanken entstehen, und Gefühle kommen und gehen. Aber da ist nicht länger diese Vorstellung: »Es sollte anders sein.« Von hier aus entsteht Friede. Es ist nicht so, wie du es dir gedacht hast. Eigentlich hast du erwartet, der menschlichen Existenz zu entfliehen. Ich schlage dir vor, das Menschsein voll und ganz anzunehmen. Genieße es, Mensch zu sein.

Hier und jetzt, siehst du? Hier und jetzt bist du in Frieden. Da ist nichts verkehrt in diesem Augenblick, oder? Gibt es irgendein Problem, wenn ein Gedanke auftaucht? Spielt es eine Rolle, ob dir ein Gedanke durch den Kopf geht?

Ehrlich gesagt, sie kommen mir lästig vor. Es ist weitaus friedlicher ohne all diese Gedanken von »Wie wäre es mit diesem?« oder »Wie wäre es mit jenem?«

Ja, könntest du sie nicht einfach vorübergehen lassen? Lass mich fragen: Entscheidest du, Gedanken zu haben, bevor sie auftauchen?

Nein.

Sie erscheinen einfach so oder so, richtig?

Ja.

Das heißt, dass sie außer Kontrolle sind. Was für einen Unterschied macht es, ob du sie bekämpfst oder nicht? Könntest du sie nicht einfach vorübergehen lassen?

Ja.

Könntest du nicht einfach zu ihnen sagen: »Ihr seid willkommen«? Reiße einfach den Stacheldrahtzaun nieder und sage: »Kommt und spielt in meinem Garten.«

Ja.

Hat das nun irgendeine Auswirkung auf den Frieden?

Nein!

Wie ist es mit den Gefühlen? Könntest du sie auch kommen und gehen lassen?

Oh Gott! Einige davon mag ich wirklich nicht.

Ich weiß. Und nützt es dir etwas, sie nicht zu mögen?

Nein, nicht wirklich.

Kommen sie nicht von selbst?

Das tun sie wirklich.

Wenn du deine Tür verriegelst und dich vor ihnen verbarrikadierst – was tun sie dann schließlich doch?

Sie tauchen auf und schlagen die Tür ein.

Sie schlagen die Tür ein oder kommen durchs Fenster herein, richtig? Also warum nicht einfach die Tür aufmachen und sie hereinbitten? Und ich will dir eines sagen: Wenn du deine Türen öffnest und sie als Gäste begrüßt, wirst du merken, dass jedes Einzelne von ihnen ein Gast mit einem Geschenk ist. Das weiß ich aus persönlicher Erfahrung.

Auch wenn er noch so unerträglich erscheint, sobald du die Tür öffnest und sagst »Komm herein und setz dich zu mir ans Feuer«, wird Kummer zu deiner Tiefe, Eifersucht zu deiner Freiheit, Zorn zu deiner Kraft. Heiße alles willkommen.

Sag mir nun, was kann den Frieden jetzt stören?

Schmerz.

Könntest du sogar Schmerz im Namen der Freiheit willkommen heißen? Wenn er deine Freiheit bedeuten würde, könntest du dann Schmerz willkommen heißen? Denkst du, dass Erwachen das Ende des Schmerzes ist? In Wirklichkeit ist es das Ende der Identifizierung, aber alles, was beiseite geschoben worden ist, drängt nun herein, um zu Ende gebracht zu werden.

Wenn du Schmerz willkommen heißt, wenn du einfach »Komm!« zu ihm sagst, wird er den Frieden nicht stören. Er wird einfach wie ein Gast vorbeigehen. Könntest du also im Namen dieser Freiheit, in der du nun ruhst, den Schmerz ebenfalls mit einschließen? Wenn du es einfach probierst, wirst du merken, dass es nichts gibt, dem du widerstreben müsstest.

Als wir heute Abend mit unserem Gespräch begannen, sagtest du: »Wenn die angesammelten Vorstellungen in einer Sekunde losgelassen werden können, was macht es dann für einen Sinn, hier so viel Zeit zu verbringen?« Siehst du, dass wir, während wir hier saßen, eine Menge falscher Vorstellungen aufgelöst haben?

Ja.

Kannst du sehen, dass es nur eben jene falschen Vorstellungen waren, die den Frieden verhindert haben?

Ja.

Sie sind nur Vorstellungen. Sie sind nur falsche Ideen. Merkst du nun, warum man dazu etwas Zeit braucht?

Danke.

Es gibt keinen Grund, dies zu verlassen, wenn du einfach die Treue zu der Vorstellung »Ich kann das nicht« aufgeben kannst. Da ist kein »Ich«, und da gibt es nichts zu tun. Wirklich ist da die Einladung, hier zu ruhen. Sogar inmitten von Problemen gibt es Ruhe.

Irgendwelche Probleme jetzt?

Nein.

Und jetzt?

Nein.

Das ist alles. Du hast es verstanden. Alles, was ist, ist jetzt.

Weißt du was? Ich will dir etwas verraten. Ich habe eine Nase für diese Dinge. Die Gedanken sagen vielleicht: »Dies könnte verschwinden.« Aber ich sage dir, was ich riechen kann. Es wird immer tiefer und tiefer und tiefer werden. Es wird dein Herz in einer solchen Tiefe von Liebe und Mitgefühl erfassen, dass du in Ekstase darin versinken wirst. Und du kannst nichts dagegen tun!

Die Tore stehen weit offen, siehst du. Du kannst dich entscheiden, dich an Zynismus, Tradition, Ideen und Lehren zu klammern, aber was bringt dir das alles? Oder du kannst dich jetzt für die Freiheit entscheiden. Du kannst dich entscheiden, *Das* zu sein. Es steht dir zur Verfügung, hier und jetzt und jetzt und jetzt. Es ist kein Seinszustand, in den du durch das Knipsen eines Schalters eintrittst und danach bist du erleuchtet.

Es ist eine Entscheidung, die in jedem einzelnen Augenblick eines jeden Tages getroffen wird – die Entscheidung für Freiheit anstelle des Groschenromans.

3
Der Wert des Diamanten

In Indien lebte einmal ein *Dhobi-wallah* (ein Wäscher). Sein Heimatort lag auf einem Hügel, an dessen Fuß ein Strom vorbeifloss. Jeden Tag pflegte der Mann die schmutzige Wäsche der Stadtbewohner einzusammeln und sie auf seinem alten Esel nach unten zum Fluss zu befördern, um dort die Hemden und die anderen Kleidungsstücke zu waschen. Danach legte er die Wäsche wieder in die Körbe und begab sich mit seinem Esel auf den Rückweg nach oben. Der Esel war schon so alt und erschöpft, dass er jedes Mal fast unter der Last zusammenbrach.

Als der Dhobi-wallah eines Tages wieder unterwegs ins Tal war, fiel ihm ein hell strahlender Gegenstand ins Auge, der da in den Büschen am Wegesrand lag. Er hob ihn auf und rief aus: »Oh, wie schön!« Er fädelte den Gegenstand auf eine Schnur und hängte ihn wie ein Medaillon um den Hals seines Esels.

Ein paar Tage später kam ein Diamantenhändler in Geschäften in jene Stadt. Als er gegen Abend den Hügel hinabwanderte, begegnete er dem Dhobi-wallah, der sich gerade auf dem Heimweg befand. Als der Händler einen Blick auf den Mann und seinen Esel warf, sagte er auf einmal: »Mein Gott! Dafür will ich dir 50.000 Rupien geben!« Der Dhobi-wallah, dem der Unterkiefer heruntergefallen war, dachte bei sich: »Dieser Kerl muss total verrückt sein! Mein Esel stirbt schon bald, und der will mir 50.000 Rupien für ihn zahlen!« Hocherfreut verkaufte er dem Diamantenhändler seinen Esel. Der Händler gab dem Dhobi-wallah das Geld; so viel Geld, dass dieser sich für den Rest seines Lebens zur Ruhe setzen konnte.

Doch dann geschah etwas Seltsames. Als der Händler sich mit seinem Kauf etwa vier Schritte entfernt hatte, zog er den strahlenden Gegenstand vom Hals des Esels, steckte ihn in seine Tasche, ließ das Tier stehen und ging von dannen. Nun war der Dobhi-wallah erst recht perplex und sagte zu sich selbst: »Dieser Mann hat 50.000 Rupien für meinen Esel bezahlt und lässt ihn dann einfach stehen!« Da war der Dobhi-wallah doppelt glücklich – mit 50.000 Rupien und seinem Esel obendrein. Der Diamantenhändler war ebenfalls glücklich, hatte er doch gerade den wertvollsten Diamanten seines Lebens für ein Butterbrot erworben.

Jener leuchtende Gegenstand ist von ganz verschiedenem Wert, je nachdem wie er wahrgenommen wird. Wenn du ihn siehst als das, was er ist, hat dieser Gegenstand in seinem Kern das Vermögen, dich für immer von allen Sorgen zu befreien. Jener leuchtende Gegenstand vermag das Leiden zu beenden, aber du musst wissen, wie du ihn zu bewerten hast. Das ist der Schlüssel.

Wenn deine Einstellung zur Wahrheit leichtfertig ist, wirst du das entsprechende Resultat erzielen – so einfach ist das. Dann gehst du nach Hause mit ein paar interessanten Ideen, vielleicht mit einer schönen Erfahrung, aber nichts von grundlegendem Nährwert. Wenn das, was hier in so großartiger Weise angedeutet wird, dir so nahe geht, als würden deine Haare in Flammen stehen, dann bist du befreit von der Identifizierung und der Verwicklung mit allem Leiden.

4
Entspannen in Dies

Und im Zurückkehren
In Dies,
Das niemals sich wandelt,

Ist da,
Wie ein Fisch,
Der ins Wasser gleitet,

Ein Entspannen in Etwas,

Von dem man erkennt
Dass man immer es war.

5 Jenseits wechselnder Erscheinungen

Als menschliche Wesen
Gefangen zumeist in einem Wirbel
Wechselnder Erscheinungen –
Gedanken, die entstehen,
Für eine Weile durcheinanderwirbeln
Und dann verschwinden –
Emotionale Stimmungen, unsere Wirklichkeit färbend,
Sich wandelnd am folgenden Tag.
Beschäftigt mit sinnlichen Eindrücken,
Mit den Befindlichkeiten unseres Körpers,
Die entstehen, die sich verändern.
In Anspruch genommen von den Problemen,
Die zu handeln erfordern, scheinbar,
Die nach Lösungen rufen.
Verwickelt in Beziehungen,
Die, vorläufig zumindest,
Scheinbar einziger Quell des Glücks für uns sind.
»Wenn ich bei diesem Menschen bleiben könnte,
Dann wäre alles gut.«
Oder: »Wenn ich von diesem Menschen lassen könnte,
Dann wäre alles gut.«

Menschliches Bewusstsein,
In Erscheinungen vertieft,
Beschäftigt mit Dingen, die kommen,
Eine Weile andauern
Und wieder verschwinden.

Es ist schwer,
Sich irgendein menschliches Wesen vorzustellen,
Das nicht in irgendeiner Weise gefangen ist
In dem Verlangen, dies zu bekommen
Oder sich von jenem zu trennen.

Da aber ist etwas,
Das fast immer übersehen wird.
Und der Zweck dieses Zusammentreffens hier
Ist es, die Aufmerksamkeit zu richten auf *Das*,
Das bisher übersehen worden ist.

Wenn wir ins Filmtheater gehen,
Die flimmernden Bilder auf der Leinwand sehen –
Clark Gable ist gerade dabei, Vivian Leigh zu erklären,
Dass er sie liebt –
Sind wir gefesselt
Von diesen flimmernden Bildern.
In der Tat, die meiste Zeit des Films
Vergessen wir, dass da nur eine weiße Leinwand ist
Und flimmernde Bilder.
Wir lassen uns gefangen nehmen von der Illusion
Einer Geschichte, die scheinbar geschieht.
Damit die Bilder ihren Zauber üben können,
Damit sie überzeugend sind,
Muss es die weiße Leinwand geben.
Die Leinwand, die leer ist,
Und also fähig, alles zu reflektieren;
Und die doch selbst keinen eigenen Inhalt hat.
Diese weiße Leinwand wird im Allgemeinen übersehen.

Die Quelle aller Bilder ist in Wirklichkeit
Die äußerst helle Lampe hinter jenem Film.
Damit es jedes Einzelne der Bilder geben kann,
Muss diese helle Lampe sein.
Doch denken wir im Filmtheater
Nie an die Lampe,
Wir denken an die Bilder.

Dass all diese Erscheinungen
Erfahren werden können,
Dass all diese Erfahrungen
Geschehen können,
Muss es etwas anderes
Als die Erfahrungen geben,
Um diese zu erleben.
Dass ein Gedanke
Als Gedanke erkannt wird,
Muss es etwas Schweigendes geben,
Nicht-Denken,
Das Denken erkennt.
Dass emotionale Stimmungen
Sich wandeln, sich ändern,
Muss es etwas geben,
Absolut nicht-emotional,
Das Emotion erkennt, Emotionen erfährt.
Dass Eindrücke im physischen Körper
Erkannt und erfahren werden,
Muss es ein Nicht-Physisches geben,
Eine Nicht-Form,
Um Form zu erkennen.

Das ist übersehen worden.
Es ist *Das*,
Um dessentwillen wir heute hier sind.

6 Bewusstheit an sich

Warum haben wir eine Persönlichkeit oder eine Persona?

Ich bin kein Freund der Warum-Fragen, aber wir können trotzdem erforschen, was wahr ist. Hier und jetzt, in dieser Begegnung zwischen dir und mir werden Dinge wahrgenommen, nicht wahr? Diese Arjuna-Form wird wahrgenommen und Worte werden gehört. All dies wird erfahren, nicht wahr?

Ja.

Nun schau mal, ob du bei dem, was absolut rein und subjektiv ist, verweilen kannst; schau mal, ob du eher deiner Erfahrung treu bleiben kannst als irgendeiner Sache, die du gehört hast. Verstehst du den Unterschied?

Ja.

Wenn du dem, was in diesem Moment für dich authentisch und wahr ist, absolut treu bleiben kannst, wer erfährt dann dieses Geschehen? Schau zurück in dich selbst, und sieh, was dort gefunden wird.

Ich fühle nur Energie.

Du fühlst, wie die Energie sich im Körper bewegt. Wird jene Energie erfahren oder nicht erfahren? Wird die Energie bemerkt?

Ja.

Gut. Wer bemerkt sie?

Bewusstheit.

Ah, Bewusstheit! Wunderbar. Bewusstheit. Nun sag mir etwas über Bewusstheit an sich. Wie ist Bewusstheit für dich?

Sie ist.

Und wo endet sie, wenn du ein Maßband daran anlegen könntest?

Nun ja, da ist immer nur der Anfang.

(*Lachen*)

So weit du auch gehst, du bist immer noch am Anfang, ist das richtig? Das ist schön. Sie ist immer nur am Anfang. Und wann war das Schöpfungsdatum dieser Bewusstheit?

(*Sie schüttelt lachend den Kopf*)

Kann sie zerstört werden? Gibt es etwas, das Bewusstheit an sich zerstören könnte?

Nein, denn sie wäre sich auch der Zerstörung bewusst.

Diese Bewusstheit hat keine Grenzen, nicht wahr? Keinen Anfang und kein Ende. Sie ist wie der Himmel. Sie ist grenzenlos.

Nun sag mir, bist du die Bewusstheit, die Form wahrnimmt, oder bist du Form, die Bewusstheit erfährt? Was ist wahr?

Ich meine, das Erstere.

Du meinst, das Erstere. Gut, dann schrei es laut heraus! Was ist es, das du mir sagen willst? »Ich meine«, sagst du, »das Erstere.« Also was ist das dann?

Ich bin die Bewusstheit, die alles wahrnimmt, den Körper und die Energie im Körper.

Schrei es so laut, dass es jeder hören kann!

(*Lachen*) *Ich bin Bewusstheit, die Form wahrnimmt. Toll! Das hört sich phantastisch an!*

Welche Erleichterung! Ich bin Bewusstheit, die Form wahrnimmt. Sag mir nun bitte, gibt es von hier aus irgendetwas Wirkliches, das Persönlichkeit genannt wird und das du hier und jetzt finden könntest?

Ich kann es hier und jetzt nicht spüren.

Und wie ist es jetzt?

Nein.

Und wie ist es jetzt?

(*Sie schüttelt den Kopf*)

Nun sag mir, gibt es irgendetwas Wirkliches, etwas Existierendes, das Persönlichkeit genannt wird? Damit meine ich, gibt es etwas Wirkliches, im Gegensatz zu dem, das eingebildet ist?

Ruhe einfach als diese Bewusstheit, die Form wahrnimmt. Sieh und schau. Ist da tatsächlich irgendetwas Wirkliches zu finden, das Persönlichkeit genannt wird?

Weißt du, beim Meditieren hatte ich einfach das Gefühl, es wäre etwas, das vor mir wäre und das ich nur durch es greifen möchte.

Gib es mir.

Meinst du nicht, dass ich es brauche?

Dieses Etwas, das da vor dir ist – gib es mir!

(Lachen – sie tut so, als würde sie ihm etwas geben) Nimm noch etwas mehr!

Ich sehe nichts. Meine Hand ist leer. Sag mir also, ist dieses Etwas wirklich oder eingebildet?

Ich vermute, es ist eingebildet. Aber wenn ich in den Spiegel schaue, ist da jemand zu sehen.

Da sind eine Nase und zwei Augen und etwas Haar und Hände. Aber kannst du tatsächlich etwas erfahren, das Persönlichkeit genannt wird?

Die einzige Möglichkeit, dass ich es erfahre, ist durch Beobachtung. Und ich bemerke, dass dieselbe Art von Dingen hochzukommen scheint.

Um nun zu erfahren, dass dieselbe Art von Dingen hochkommt – wie machst du das? Hier und jetzt, in diesem Augenblick hier, wie erfährst du, dass dieselbe Art von Dingen hochkommt?

Ich denke daran.

Das ist richtig, es ist im Denken, nicht wahr? Lass uns ein kleines Experiment machen. Ich möchte dir für einen Moment den Unterschied zeigen zwischen dem, was wirklich ist, und dem, was eingebildet ist. Denn du brauchst verschiedene Methoden, um etwas loszuwerden, das wirklich ist, und um etwas loszuwerden, das eingebildet ist. In Ordnung?

Hier ist eine Kassettenhülle. Ist sie wirklich?

Sie ist körperlich manifestiert.

In gewöhnlicher Umgangssprache ist sie wirklich, nicht wahr?

Richtig.

Um sie loszuwerden, was müssten wir tun?

Sie in Stücke schlagen!

Ganz schön brutal, nicht? Gut, das wäre eine Methode. Und diese Armbanduhr hier, ist sie wirklich? In gewöhnlicher Umgangssprache, ist dies eine wirkliche Uhr?

Ja.

Was müsstest du tun, um sie loszuwerden?

Wir müssten sie zermalmen, um sie zum Verschwinden zu bringen.

Und wie ist es mit diesem Kissen? Was müssten wir tun, um es loszuwerden?

Es einfach wegwerfen.

Siehst du diese Wassermelone hier? Ist sie wirklich?
(*Er tut so, als würde er eine Wassermelone hochhalten*)

Nein. Aber wir könnten uns einbilden, sie wäre wirklich.

Aber ist sie tatsächlich wirklich? In gewöhnlicher Umgangssprache, ist dies eine wirkliche Wassermelone?

Nein. Sie ist nicht tatsächlich hier.

Also ist diese Wassermelone nur ein Gedanke.

Musst du dir etwas denken oder vorstellen, um das Kissen zu sehen?

Nein.

Musst du dir etwas denken oder vorstellen, um die Wassermelone zu sehen?

Ja.

Begreifst du nun den Unterschied zwischen dem, was wirklich ist, und dem, was imaginär ist?

Ja.

Wie wirst du nun diese Wassermelone los?

Indem ich den Gedanken loslasse.

Schön. Du siehst, um loszuwerden, was nicht wirklich ist, hörst du einfach auf, es dir vorzustellen, und das war's. Klar? Mit der Kassettenhülle oder der Uhr oder dem Kissen ist das aber anders. Du müsstest etwas tun, um sie loszuwerden. Um die Wassermelone loszuwerden, hörst du einfach auf, sie dir vorzustellen. Dies ist eine sehr wichtige Unterscheidung, denn das ist der Punkt, wo die meisten spirituellen Praktiken die Leute in die Irre führen. Sie verbringen Jahrzehnte mit sehr frustrierender spiritueller Praxis – in dem Bemühen, etwas abzutragen, das überhaupt niemals da gewesen ist.

Sag mir nun – wenn du nicht ins Denken einsteigst, hast du offensichtlich keine Wassermelone bekommen – wenn du also nicht ins Denken einsteigst, gibt es jetzt irgendetwas Wirkliches, das Persönlichkeit genannt wird?

Nein.

Wie wirst du sie los?

Indem ich sie loslasse.

Ja, hör einfach auf, sie dir einzubilden.

Aber meinst du nicht, dass ich sie doch bräuchte?

Wer? Ist da wer, der sie braucht?

Bewusstheit?

Hier und jetzt ist es nicht die Frage, ob du sie brauchst oder nicht. Existiert sie?

Oh! (Sie beginnt zu lachen)

Wie werde ich diese Wassermelone los?

Tu einfach so, als wäre sie nicht da, und schon ist sie nicht mehr da.

Du brauchst nicht so zu tun als ob! Wache einfach auf und sieh!

Du lässt einfach den Gedanken los.

Ist da also irgendeine Notwendigkeit, die Wassermelone zu behalten? Dient sie irgendeinem Zweck?

Nicht wirklich.

Lass uns jetzt einfach experimentieren. Sag mir wieder, wer du bist.

Nichts.

Aber dies alles geschieht doch bestens hier, nicht wahr? Dies alles geschieht doch bestens hier, ohne dass irgendjemand von uns vortäuschen muss, ein Jemand zu sein.

Ich kann hier bei dir sein und ich brauche nicht daran zu denken, wer ich bin oder wer ich sein sollte oder wie ich sprechen sollte oder wie ich aussehen sollte oder wie ich mich darstellen sollte.

Ja. Und was bleibt übrig, wenn du all das nicht tust?

Bewusstheit.

Und in welcher Weise ist sie hier?

Sie ist wirklich.

Sie ist wirklich, nicht wahr? Und sie ist köstlich!

Nun lass mich dir ein weiteres kleines, schönes Geheimnis zeigen, welches das ganze Leben absolut verändert. Schau jetzt nicht auf diese Form, sondern durch die Form hindurch in das, was immer auch zu dir zurückschaut. Und was schaut dich jetzt an?

Mein erster Gedanke war, das Gleiche, und mein zweiter Gedanke war, nichts.

Schau nun auf diese Weise zurück in dich selbst, und was findest du?

Ich fühle es so, als wäre es einfach ein Kreis.

Schön. Wenn du also in dein eigenes Selbst zurückschaust, was ist das?

Es geht einfach zurück durch dich.

Ist da ein Unterschied zwischen dem, was in jener Richtung abläuft, und dem, was in dieser Richtung abläuft?

Nein. Der einzige Unterschied wäre es, wenn ich dort säße und du hier wärst.

Ja, aber hier und jetzt, schau zurück in dein eigenes Selbst und überprüfe das wieder. Schau den ganzen Weg zurück in dein eigenes Selbst. Was ist das? Entspanne dich zurück in dein eigenes Selbst, wie wenn du in dein Federbett fällst – und was ist da?

Ich fühle nur Leere.

Leere – schön. Leere. Schau nun in diese Richtung, und was erkennst du, während du den ganzen Weg durch diese Form schaust? Was schaut da von dieser Seite aus? Welches Wort kannst du dem geben?

Da ist nichts.

Da ist nichts. Was ist dann der Unterschied zwischen Leere und nichts?

Keiner.

Wem begegnest du also hier?

Es ist mein Selbst.

Du begegnest deinem Selbst – nicht auf poetische Weise. Dies ist nicht bloß Poesie oder Mystik oder Philosophie. Wahrhaftig und ehrlich, wissenschaftlich gesehen begegnest du deinem eigenen Selbst. Du hast zwanzig Finger, vier Knie, vier Augen, zwei Nasen – und da ist nur einer von euch hier. Überprüfe das überall, während du im Alltag herumgehst, und anstatt Menschen in ihrer Funktion zu sehen, schau in ihre Augen und sieh, wer zurückschaut – und du wirst überall dein eigenes Selbst finden. Dies ist wahres Mitgefühl. Nicht künstliches, angelerntes Mitgefühl, sondern wahres Mitgefühl, das dein eigenes Selbst in allem sieht.

Die gute Nachricht besteht darin, dass du jene Vorstellung des Getrenntseins niemals wieder aufzugreifen brauchst. Da besteht kein Zwang. Du bist einundzwanzig, nicht wahr? Du könntest weitere sechzig Jahre leben und müsstest die Vorstellung des Getrenntseins niemals wieder aufgreifen. Das Leben wird nicht einfach so weitergehen. Es wird auf diese Weise viel besser blühen und gedeihen als mit dieser fiktiven Wassermelone, die alles die ganze Zeit durcheinander bringt.

Richtig – um die ich mich kümmern und mit der ich etwas anfangen müsste.

Schön! Nun sieh dich eine Minute lang in dem Raum um und lass sie diese Augen sehen. Dies sind die Augen Buddhas. Wir hören Geschichten von Buddha und von vielen verschiedenen Heiligen; und das, was in diesem Augenblick durch diese Form leuchtet, sind die Augen des Göttlichen.

Wie fühlst du dich, während du selbst dich in all diesen Formen siehst?

Glücklich!

Schön! Du siehst, du schaust dort hinüber (*deutet auf ihre Schwester und ihren Vater*) und entdeckst, dass dein Vater immer nur ein einziges Kind hatte – und in Wirklichkeit gebar er nur sich selbst.

Es ist zu einfach, um verstanden zu werden. Du kannst die Persönlichkeit verstehen, und du kannst die Komplexität verstehen. Aber dies ist zu einfach, um es zu verstehen. Genieße es einfach, lebe es. Und du wirst es tun, das sehe ich. Du hast keine Ahnung, was für einen unglaublichen Beitrag und Dienst du für so viele Menschen leisten kannst, indem du einfach dies lebst.

Schön! Du hast keine Ahnung, wie viele Menschen ganz natürlich davon berührt werden, wenn du einfach als dieses ruhst. Natürlich bist es nur du allein, die davon berührt wird. Dies ist wirklich der Weg, das Leiden auf diesem Planeten zu lindern.

Ich kann immer wieder geboren werden!

Ja! Das ist ganz richtig. Es ist immer frisch. Erleuchtung ist kein Zustand, wie du siehst. Es ist eine ständige Einladung. Jetzt, jetzt, jetzt, jetzt! Einfach fallen zu lassen, was ursprünglich gar nicht da war, Einbildung fallen zu lassen und zu entspannen, sehr weich und locker zu werden für das, was bereits da ist. Diesen Wein muss man genießen, er ist so kostbar.

Weißt du, auf meinen Bücherregalen stehen reihenweise Zeugnisse für das, was du jetzt erfährst. Die Leute in diesen Büchern werden als Mystiker und Heilige und außergewöhnliche menschliche Wesen verehrt, aber das, was du heute Abend erfährst, ist nicht verschieden von dem, worüber jeder von ihnen gesprochen hat. Ich könnte dir Padmasambhava vorlesen, den Begründer des tibetischen Buddhismus, denn das, was er sagte, ist nicht verschieden von dem, was du heute Abend gesagt hast. Dies ist *Heimat*.

Ich danke dir!

7 Das Wirkliche

Da ist ein Verlangen,
Vielleicht für gerade einen Augenblick,
Den Unterschied zu erkennen zwischen dem,
Was wirklich und dem, was eingebildet ist;
Zu erkennen, dass da eine Sucht
Nach Eingebildetem bestanden hat.

Richte deine Aufmerksamkeit
Mit Mitgefühl auf diesen Augenblick,
Gerade lang genug, dass sich die *Aufmerksamkeit*
In *diesen Augenblick* verliebt.

Jene Vergangenheit, die dich verfolgte,
Ist bloßer Gedanke;
Jene Zukunft, die dir Sorgen macht,
Ist nicht real.
Sie ist Gedanke, der niemals geschehen wird.

Entspanne dich jetzt.
Heiße diese Gedanken willkommen,
So dass sie dir einerlei sind.

Und komme mit dem Verlangen in deinem Herzen,
mit dem Verlangen nach tieferer Erkenntnis.

8 Verehre nur Dies

Damit emotionale Stimmungen sich ändern und wandeln,
Muss es etwas völlig »Nicht-Emotionales« geben,
Das Emotion erkennt,
Emotion erfährt.

Damit Eindrücke im physischen Körper
Erkannt und erfahren werden,
Muss es etwas Nicht-Physisches geben,
eine Nicht-Form,
um Form zu erkennen.

Verehre nur *Dies*.

9
Genieße das Risiko

Das Herz verlangt die Infusion des Erwachens in dieses gewöhnliche Leben,
Damit die eigene Freiheit nicht länger von einem vereinzelten Schicksal abhängig ist.

Genieße das Risiko!
Hier ist der geheime Ort,
Mehr und mehr Grenzen niederzureißen.

Lass das Spiel dieser Freiheit immer gefährlicher werden.

10 Das Fenster zur Ewigkeit

Durch eine einfache Verlagerung der Aufmerksamkeit
Vom Objekt zum Erfahrenden,
Von den Erscheinungen zum Erfahrenden der Erscheinungen,
Kann sich unsere Perspektive diametral verändern.
Die Geburt dieser Verlagerung geschieht mit der Frage:
»Wer bin ich?«
Dabei geht es nicht um einen zukünftigen Zustand der Erleuchtung
Oder um etwas, das dir zuteil werden wird dann,
Wenn du wirklich gut bist und dich sehr darum bemühst.
Es geht um etwas, das schon hier und jetzt ist.

Damit Worte gehört werden,
Muss es Schweigen geben,
In welchem die Worte geschehen.
Damit Form erkannt wird,
Muss es Grenzenlosigkeit geben,
In der die Formen existieren können.
Damit es Erscheinungen in der Zeit gibt
– Anfang, Dauer und Ende –,
Muss es eine Ewigkeit geben,
In welcher die Zeit abläuft.
Wenn du das wirklich begreifst,
Wird es dein Leben ändern.
Dann wird es offenbar.
Um etwas Begrenztes wahrzunehmen,

Muss es Grenzenlosigkeit geben,
In der es geschieht.
Wenn sich eine Erscheinung ereignet
Innerhalb von etwas mit weiteren Grenzen,
Innerhalb von wem würde sie sich ereignen?
Diese Frage
»Wer bin ich?«
Führt dich sofort zur Grenzenlosigkeit,
Zur Ewigkeit,
Zu *Dem*, das ungeboren, unsterblich ist,
Zu Dem, das keine Furcht vor dem Verlöschen hat,
Und zu Dem, das nicht getrennt ist.
Sobald du zurück in dein *Selbst* schaust
Und erkennst, dass da keine getrennte Entität gefunden werden kann,
Nur offene Weite,
Dann ist es kein besonders großer Sprung,
In die Augen dessen zu schauen, den du bisher für eine andere Person hieltest,
Und nicht auf diese »andere Person« zu schauen,
Sondern durch das Fenster jener Augen,
Und die Ewigkeit zu sehen, die euch beiden gemeinsam ist.
Was ist dann der Unterschied zwischen
Weiter Offenheit und unendlicher Grenzenlosigkeit?
Wo hört Unendlichkeit auf und wo beginnt Ewigkeit?
Diese einfache und doch tiefe Erkenntnis
Verkündet das Ende der Trennung.

Zu verschiedenen Zeiten hat man dieser Erkenntnis
Eine Vielzahl von exklusiven Namen gegeben:
Erleuchtung, Befreiung, Selbstverwirklichung.
Leute haben darüber gesprochen
In höchst übertriebener Weise,
Mit gewaltigen Mengen von Ritualen
Und schnellen Autos und Grundbesitz,
Erworben im Namen dieses unkomplizierten Prinzips.
Es ist eine einfache Sache, von der wir hier reden.
Es ist jedermanns Recht durch Geburt.

11 Plemplem

Ich möchte mit dem Selbst identifiziert bleiben, und ich denke, dass ich schließlich von meinem Geist und meinem Ego und alledem genug bekommen habe.

Meine Güte! Das ist ja eine ganze Menge an Gesprächsstoff auf einmal, nicht wahr?

O ja.

(*Lachen*)

Ich hätte mir Notizen machen sollen. Ich könnte die ganzen zwei Stunden allein damit ausfüllen! Nun gut, lass uns langsam vorangehen. Ich möchte identifiziert bleiben ...

Mit der Wahrheit.

Ich möchte bei der Wahrheit verweilen. Mit dem *Selbst* verweilen.

Mit meinem Selbst.

Mit meinem Selbst. Gut, gut.
Nun, möchtest du es lieber wollen oder haben?

Ich möchte es lieber haben.

Gut, könntest du das Wollen dann aufgeben?

Was immer dazu gehört.

Gut. (*schnipst mit den Fingern*) Einfach so, siehst du. Nun, was bleibt übrig? Jetzt, da du es aufgegeben hast, dein Selbst zu wollen, was bleibt dann?

Nun, etwas ist da.

Etwas ist da. Was ist das?

Ich vermute, es ist das Selbst.

Oh! Ich verstehe. (*Lachen*) Nun, welchen Geschmack hat es?

Es ist mir nicht bekannt, dass es einen Geschmack hat, aber ich empfinde es als beseligend und tröstlich.

So, und was bleibt jetzt?

Nun, ich bin nicht sicher.

Siehst du, wenn jemand unbedingt in Kalifornien sein will – »Ich will in Kalifornien sein, mehr als alles andere, ich will in Kalifornien sein, ich will in Kalifornien sein« – wo befindet er sich dann vermutlich?

An einem anderen Ort als in Kalifornien.

Ganz bestimmt. Er muss in Kentucky oder Virginia oder New York oder England sein. »Ich will in Kalifornien sein!!!« Wenn jemand in Kalifornien sitzt und dort sagt »Ich will in Kalifornien sein!« – mit was für einer Art von Zustand haben wir es dann zu tun?

Mit einer Art von Konfusion.

(*Lachen*)

Gut, das ist ein höfliches Wort dafür. Ein wenig plemplem, würde ich sagen. (*Lachen*) In Kalifornien zu sitzen und gleichzeitig in Kalifornien sein zu wollen, ist ein Fall, um es in der Sprache der klinischen Psychologie auszudrücken, von plemplem, nicht wahr.

Das betrifft mich, vermute ich.

Also gut, wer bist du?

Nun ja, die meiste Zeit bin ich wohl so.

Nein, nicht »die meiste Zeit«. Was ist »die meiste Zeit« jetzt?

Nun, für die meiste Zeit bin ich in meinen Geist verwickelt.

Wo ist »die meiste Zeit« jetzt? Was ist »die meiste Zeit«?

Bei der Arbeit ...

Ja, wo ist »die Arbeit« jetzt. Was ist das?

Das ist der Ort, wo ich hingehe, um Geld zu verdienen ...

Wo ist »Geld«, »Arbeit« und »die meiste Zeit«? Wo sind all diese Dinge jetzt? Ich sehe nur Leute im Raum sitzen.

Nun ...

Sei bitte ganz genau. Wo ist »die meiste Zeit bin ich verwickelt«? Wo ist das jetzt? Bleibe ganz präsent. Wo ist »die meiste Zeit«?

Hier und jetzt erfahre ich es nicht.

Genau, siehst du, »die meiste Zeit« ist ein Gedanke.

Richtig.

Von einem verrückten Verwandten ausgesprochen. Du brauchst nicht zuzuhören. Wer bist du jetzt? Bleibe hier. Bleibe genau an dieser Stelle und finde heraus, wer du bist. Finde heraus, wer du bist, wenn all diese Dinge beiseite gelegt werden, einschließlich des Wunsches, das zu sein, was du schon bist.

Nun, ich möchte diese Dinge intellektuell ausdrücken.

Ja, dann lass auch das beiseite. Auch das ist plemplem.

Was ich dir vorschlage, ist, deine Augen hierher zu bringen. Weil du dann diese Form als Anker benutzen kannst für das, was wirklich ist. Du siehst, es gibt kein »die meiste Zeit« hier. Es gibt keine »Arbeit« und kein »Geld«. Da ist nur dein eigenes Selbst, das zurückschaut. Das ist ganz wirklich, so wie eine kalte Dusche wirklich ist. Halte einfach deinen Blick hier, so dass du im Raum präsent bleibst und herausfindest, wer es ist, der jetzt schaut. Wer sieht Arjuna?

Mein Selbst.

Mein Selbst. Sehr gut. Wie viel Prozent von »meinem Selbst« bist du? Fünfzig Prozent? Sechzig Prozent?

Einhundert Prozent.

Einhundert Prozent mein Selbst. Sehr schön. Auch ich bin zu einhundert Prozent mein Selbst. Schau in »mein Selbst« und nimm ein Maßband und sieh, wie groß es ist.

Ich glaube nicht, dass ich es messen kann.

Ich glaube nicht, *dass* ich es messen kann! Wunderbar! Ich glaube nicht, *dass* ich es messen kann. Also ist es unendlich. »Mein Selbst« ist unendlich. Wie köstlich. Und sag mir, dieses »mein Selbst«, das unendlich ist, hat es ein Herstellungsdatum?

Nein.

Hat es ein Verfallsdatum, an dem es abläuft?

Ich glaube nicht.

Ewig. Unendlich und ewig. Nun, ist dies zu neunzig Prozent hier oder zu hundert Prozent?

Es ist ganz hier.

Es ist ganz hier. Gut. Nun, wie steht es mit diesem Wunsch, mein Selbst zu sein? Bleib hier. Bleibe genau hier und schau, ob da irgendein Verlangen nach dem zurückbleibt, das zu einhundert Prozent hier ist.

Nein.

Nein. Sehr gut. Nun sag mir, kannst du nun als *Das*, was du bist, hier ruhen?

Ob ich ruhen kann?

Kannst du einfach *Dies* sein? Ich will dir einen Tipp geben, gut? (*Flüstern*) Du hast dabei keine Wahl. Es ist nur eine höfliche Frage.

Könntest du ruhen als *Dies*, was du bereits bist. Könntest du einfach Dies sein?

Ich hoffe es.

Oh! (*Lachen*) Sag mir etwas. Könntest du hier und jetzt in Kalifornien sein?

Ja.

Ist dazu Hoffnung nötig?

Nein.

Nein. Wenn jemand sagt »Ich hoffe es«, mit welcher Art von Person haben wir es dann zu tun?

Mit einer zweifelnden Person.

Nun ja, die offizielle Bezeichnung ist plemplem. (*Lachen*) Zu hoffen, dort zu sein, wo man schon unvermeidlich ist, ist plemplem, nicht wahr? Also noch einmal, schau zurück in dein Selbst – was ist da?

Bleibe präsent. Geh nicht zum Denken. Bleibe einfach präsent und schau, wer dies beobachtet.

Das ist schwer zu beschreiben.

Schön. Irgendwelche Grenzen?

Nein.

Irgendein Anfang oder Ende in der Zeit?

Nein.

Nein. Also sind wir hier, zurück daheim auf der Ranch, nicht wahr? Versuche nun, es zu vertreiben. Versuche, *Dies* loszuwerden, das beobachtet. Du kannst dabei jeden beliebigen Trick benutzen.

Nun, es geht so oder so nicht weg, hier und jetzt.

Nein. Hier und jetzt kann es nicht weggehen.

Ich befürchte, dass es später weggeht. Mein Gewahrsein wird weggehen.

Das ist richtig, ja. Nun, was ist »später«?

Später, heute Abend oder morgen.

Aber was ist »später, heute Abend«? Du siehst, dieses Ding heißt Tonbandgerät. Fasse es an. Es ist hart, es ist wirklich. Dieses Ding heißt

Uhr. Und dies ist eine Hand, spüre die Hand. All diese nennt man wirkliche Dinge. Nun sag mir, was ist »später, heute Abend«?

Nun, ich kann das nicht anfassen.

Nein. Warum nicht?

Es ist in einer anderen Dimension.

Oh, wirklich? Du hast zu oft Star Trek gesehen! (*Lachen*) Also sag mir, in welcher Dimension ist »später, heute Abend« wirklich?

Vermutlich an einem anderen Punkt in der Zeit, so wie ich es wahrnehme.

Nun, wo ist dieser andere Punkt in der Zeit?

In der Zukunft.

Wo ist das?

Es ist noch nicht geschehen.

Wo also ist es jetzt?

In diesem Moment existiert es nicht.

(*klatscht mit den Händen*) Es existiert nicht. Es existiert nicht. Nicht existieren bedeutet: »nicht wirklich«. Nicht wirklicher als die Affen, die dort oben auf diesem obersten Regal sitzen und Gewehre schwenken. Ist das etwas, wovor du dich fürchten müsstest? Sind sie eine Bedrohung für dein Leben?

Nein.

Und was ist mit diesem »später, heute Abend«? Ist das etwas, wovor du dich fürchten müsstest?

Nein.

Nein. Irgendein Problem jetzt?

Nein.

Siehst du, es ist ganz einfach; dieses ganze Problem ist ganz einfach, und es hat mit deinem Onkel zu tun.

Wie bitte?

Ich habe gesagt, dass das ganze Problem mit deinem Onkel zu tun hat.

Mit meinem Onkel?

Du hast einen verrückten Onkel in einem Irrenhaus. Du bist dorthin gegangen, um deinen Onkel zu besuchen, und du konntest sehen, dass es ihm nicht besonders gut geht. Er schien sich etwas unglücklich zu fühlen. Du dachtest, du könntest ihn zur Wirklichkeit führen, siehst du. Also hast du die Schwester in der Psychiatrie gebeten, ob du ihn an diesem Tag ausführen könntest, um mit ihm das Einkaufszentrum zu besuchen und ihm einen schönen Tag zu bereiten. Sie sagte, du könntest das sicher tun, aber du solltest gut auf ihn aufpassen und nicht vergessen, dass er verrückt wäre. Dass er nicht in der Lage wäre, zwei klare Gedanken hintereinander zu denken, und er dir ständig einreden würde, völlig idiotische Dinge zu tun.

Also spazierst du nun durch das Einkaufszentrum mit diesem alten Kerl, der direkt hinter deiner Schulter die ganze Zeit flüstert: »Pickles, ich mag Pickles. Und gestern lag ein geräucherter Hering in meinem Bett. Pass auf! Überall Monster mit Gewehren. Etwas Schreckliches wird geschehen. Und später, heute Abend wird ein Problem auftauchen. Oder morgen. Lieber so schnell wie möglich nach Kalifornien gehen! Mit dem Himmel stimmt etwas nicht. Warum ist er so groß? Lieber gibst du dir die größte Mühe und versuchst das zu sein, was du bereits bist, weil du noch nicht du selbst bist.«

Und so macht er immer weiter. Dir aber steht es vollkommen frei, ihm nicht zuzuhören. Er ist verrückt! Du kannst Mitleid mit ihm haben. Du kannst zu ihm sagen: »Es ist alles in Ordnung. Pst! Entspann dich einfach. Alles ist unter Kontrolle.« Aber du bist absolut willkommen, nicht auf ihn zu hören. Was sonst kannst du tun? Du hast ihn aus dem Irrenhaus geholt, und so ist er eben. Hör einfach nicht auf ihn.

Ich möchte dir einen Hinweis geben, wie du erkennen kannst, dass er es ist, der zu dir spricht. Dieser Hinweis heißt »Denken«. Denn das Denken selbst ist dein verrückter Onkel. Alles, was nach einem Glauben oder einer Vorstellung schmeckt, alles, was nach einer Aussage über die Vergangenheit oder über die Zukunft schmeckt, alles, was nach einem Wunsch oder einer Befürchtung schmeckt, all das ist dein Onkel.

Bleibt denn da noch irgendetwas übrig?

Ja! Und weißt du auch, was da übrig bleibt? Köstliches Leben! Köstliches, amüsantes, humorvolles, lebendiges Leben bleibt. Gutes Essen bleibt. Schöne, liebevolle Menschen bleiben. Herrliche Natur bleibt. Wunderbares Leben bleibt da für dich zu genießen – wenn du nicht auf deinen verrückten Onkel hörst.

Denken ist immer negativ. Wenn du nicht auf deinen Onkel hörst, kommt dir die Erkenntnis, dass du schon im Paradies bist. Du lebst bereits in einer Welt, die völlig perfekt, gesegnet und mit Liebe gesättigt ist.

Es gibt bereits Zeiten, da bin ich mir sicher, in denen du deinen Onkel ignorierst und in Frieden bist. In der Nacht, wenn du schlafen gehst, ignorierst du ihn eine Zeit lang und schläfst friedlich. In intensiven Momenten des Lebens, wenn du wirklich in das, was da im Augenblick geschieht, vertieft bist, macht dein Onkel einen Spaziergang. Wenn du zum Beispiel eine wirklich köstliche Mahlzeit verspeist, so köstlich, dass du zu denken und zu reden aufhörst, ist dein Onkel weg, und du amüsierst dich bestens. Bei der Liebe bringst du hoffentlich nicht deinen Onkel mit ins Bett! Du lässt ihn draußen vor der Tür und vergnügst dich.

Er ist ein bisschen abgerissen und schäbig und er hat einen Hang zum Scheitern. Soweit es ihn betrifft, hat er die falsche Person geheiratet, wohnt in der falschen Stadt, hat den falschen Beruf, hat nicht genug Geld. Unaufhörlich wiederholt er dieses eine Mantra. In der Tat ist genau dies ein heiliges Mantra unterschiedlichster Traditionen. Ein heiliges, ein esoterisches Mantra. Die Grundlage vieler Religionen. Und dieses Mantra lautet so: »Alles ist schlecht, so wie es ist.«

Folglich, wenn du auf deinen Onkel hörst, wie solltest du dann dein Leben genießen können? Wie kannst du Liebe erfahren, wenn dein Onkel dabei ist? Wie kannst du deine Arbeit genießen oder Geld verdienen oder eine gute Beziehung haben? Schalte ihn einfach ab. Du brauchst nicht zuzuhören. Und dann sind die Dinge so einfach.

Weißt du, wir sind gleich. Wir sind beide Menschen des Westens. Wir sind beide in ähnlichen Kulturen und mit ähnlichen Schwierigkeiten aufgewachsen. Doch gibt es da eine besondere Vergünstigung, die ich aus meiner Arbeit erhalte. Ich rede so viel über dieses Zeug, dass es ab und zu auf mich abfärbt. Ich bin am Mittwoch aus Boulder zurückgekommen und dann ein paar Tage lang alleine hier in diesem Haus geblieben. Ich kann gar nicht beschreiben, wie gut ich mich fühlte. Und dabei ist es nicht etwas, das wir nicht alle haben könnten. Ich gehe die Treppe hoch zum Schlafzimmer, ich lege mich ins Bett. Da geschieht nichts, und doch ist es berauschend. Ohne jeglichen Grund ist es unglaublich berauschend. Ich habe da oben keinen Harem oder sonst etwas. Ich besitze kein großes Vermögen. Ich habe keine besonders tolle Gesundheit, obwohl sie nicht schlecht ist. Ich habe keinerlei Grund, mich dermaßen gut zu fühlen. Da ist sogar nicht einmal jemand mit mir in diesem Haus. Je weniger du auf das Denken hörst, desto mehr lässt es dich in Ruhe. Je weniger du auf deinen Onkel hörst, desto wahrscheinlicher wird es, dass er ganz einfach einen anderen findet, dem er auf die Nerven gehen kann.

Besucht dich dein Onkel von Zeit zu Zeit?

Ja, und er ist willkommen. Er ist herzlich willkommen. Und ich habe daraus gelernt – nicht immer, aber doch mehr oder weniger. Ich habe daraus gelernt, dass sein Geschwafel keine gute Grundlage für Entscheidungen irgendwelcher Art abgibt. Man kann darüber diskutieren, aber ich meine: Hör nicht zu, vierundzwanzig Stunden pro Tag. Hör nicht zu. Wirklich, und fange jetzt an.

Dann wirst du entdecken, dass der größte Teil deines Umgangs mit anderen Menschen einfach aus Schauen und Liebe besteht. Da gibt es nichts zu sagen, nichts zu lösen, nichts zu regeln. Es gibt keinen großen Bedarf nach Wörtern. Du atmest einfach auf und betrachtest dieses ganze Wunder. Und das Seltsame daran ist, dass es wahrhaftig jetzt zur Verfügung steht. Es ist wie das Knipsen eines Schalters. Früher war es so, dass indische Gurus mit langen Bärten und wallenden Gewändern darüber sprachen. Und nun bin ich es, dieser normale westliche Mensch mit Kindern und Kreditkartenschulden und dem ganzen westlichen Hintergrund. Wie könnte ich überhaupt nach diesen schwindelerregenden Höhen jener Meister trachten? Heutzutage aber sind es fast ausschließlich westliche Menschen, die hier darüber sprechen. Es gibt fast keine indischen Lehrer mehr bei uns. Und es sind westliche Menschen, mit einem Hintergrund so wie der deine. Wenn es für einen großen, knochigen Engländer mit einem gestörten familiären Hintergrund möglich ist, damit aufzuhören auf seinen Onkel zu hören, dann ist es ganz gewiss auch für dich möglich.

Was soll ich tun, wenn ich merke, dass ich auf meinen verrückten Onkel höre?

Nicht mehr zuhören.

Aha. Das meint: Einfach versuchen, meinen Geist auf irgendetwas anderes zu richten?

Nein, er *ist* dein Geist.

Ach ja, natürlich. Wie höre ich auf, zuzuhören?

Wie du aufhörst, ihm zuzuhören? Indem du aufhörst, ihm zuzuhören! Hör auf, ihm Energie zu geben. Erkenne, dass er verrückt ist, ohne jegliche Ausnahme. Wir denken immer noch, dass jede Nachricht irgendwie wichtig für uns sein könnte. Aber nicht ein Einziger unter zehntausend Gedanken enthält auch nur eine wertvolle Information.

Aber es gibt da Dinge, die ich im Lauf des Tages tun muss, ich muss sie planen und meine Zeit einteilen. Das ist verschieden von dem, worüber wir reden, nicht wahr?

Ja, es gibt einen Unterschied zwischen Impuls und Gedanken. Ein Impuls entsteht einfach so. Er ist vollkommen rein. Er ist sehr friedlich. Er kommt einfach. Und es wird offensichtlich, was du als Nächstes tun musst. Du hast keine Liste mit den Dingen, die an einem Tag zu tun sind; du hast jetzt eine Sache zu tun oder jetzt keine Sache zu tun.

Was ist denn verkehrt an einer Liste?

Wenn dich das wirklich beunruhigt, dann schreib die Liste auf und dann ist es fertig. Aber es geht nicht um jene Art von Gedanken; »Ich muss zur Post gehen«, stört deinen Seelenfrieden nicht. Es ist das »Soll ich oder soll ich nicht«, was den Frieden stört; der Versuch, etwas auszuknobeln, der Versuch, zu planen. Das basiert alles auf Furcht und Verlangen: Verlangen nach Zustimmung, Verlangen nach Kontrolle, Verlangen nach Liebe; Furcht vor Ablehnung, Furcht vor dem Verlust der Kontrolle, Furcht vor Trennung. Das basiert alles auf Furcht und Verlangen. »Ich muss zur Post gehen«, basiert nicht auf Furcht und Verlangen; es ist die Erkenntnis, dass da ein paar Briefe auf deinem Schreibtisch liegen, die frankiert werden müssen. Briefe – Briefmarken – Postamt – Reaktion. So einfach sind die Dinge. Ich sage damit nichts, was besonders intelligent wäre. Es ist so einfach.

Ich möchte hier bei dir sein.

Du bist schon hier mit mir. Du bist schon vollkommen in Frieden. Du hast nur deinem verrückten Onkel zugehört. Hier und jetzt tust du das nicht, und du bist dabei sehr glücklich.

Wie würdest du den Unterschied zwischen Impuls und Abhängigkeit erkennen?

Das ist wirklich eine gute Frage. Aus diesem Grund mache ich diese Arbeit hier. Dies ist Satsang, und für einige Leute ist das genug. Soweit ich sehen kann, entsteht Abhängigkeit meistens aus einer unvollständigen Bereitschaft, zu fühlen. Irgendein Gefühlszustand ist entstanden und da gab es ein Zurückschrecken, einen Widerwillen, vollständig zu fühlen. Und in dem Widerwillen, vollständig zu fühlen, bleibt dieser Widerstand zurück, der dann Spannung erzeugt. In jenem Widerwillen, zu fühlen, gibt es dieses Zehren, und das macht abhängig. Es kann das Zehren nach Liebe oder das Zehren nach Tabak oder das Zehren nach was auch immer sein, du verstehst. Das Gegenmittel dafür ist, einfach die volle Fähigkeit zu fühlen wiederherzustellen, also das, was wir in den Satsang-Intensivkursen am Wochenende machen. Wir verbringen so ein Wochenende im Wesentlichen damit, die Fähigkeit, wiederherzustellen, Erfahrungen voll zu fühlen; und zwar so sehr, dass sie sich auflösen. Wenn du irgendetwas vollständig fühlst, verschwindet es. Es sind die halbverdauten Erfahrungen, die Abhängigkeit erzeugen. Abhängigkeit wird sich auflösen, wenn die Fähigkeit zu fühlen wiederhergestellt ist und es keinen Aspekt der Erfahrung mehr gibt, vor dem man zurückschreckt.

Leider sieht nicht jeder ein, dass das eine äußerst ernste Angelegenheit ist, von der wir hier reden. Satsang ist kein Hobby. Es ist eine Lebensweise. Wenn es nicht zu einer Lebensweise gemacht wird, würde ich empfehlen, lieber ins Kino zu gehen als zum Satsang. Ich sehe keinen Sinn im Satsang, wenn du dich nicht voll und ganz engagierst. Verstehst du, was ich damit sagen will? Hier ist meine Empfehlung. Als ich Papaji traf, hatte ich in etwa das Gefühl: »Zur Hölle, nichts anderes hat funktioniert, also lass mich dies probieren.« Und ich gab alles dafür. Ich schrieb ihm einen Brief: »Ich bin völlig glücklich, physisch zu sterben, wenn es dies ist, das erforderlich ist, um als *Das* zu ruhen. Ich hänge an nichts, auch nicht am Körper.« Und ich meinte das wirklich ernst. Ich war völlig bereit zu sterben. Und es funktionierte. Aber es muss hundertprozentig sein. Die Vorstellungen von einer Vorbereitung oder von einem allmählichen Übergang haben damit nichts zu tun. Du musst erkennen, ein für allemal, dass der Geist verrückt ist. Verrückt. Alles Verlangen ist verrückt. Es ist alles ein Suchen nach dem, was du schon hast, siehst du. Du suchst außerhalb nach Liebe, obwohl du selbst Liebe *bist*. Es kommt selten vor, dass die Leute begreifen, was das wirklich bedeutet. Es bedeutet nicht, dass siebzig Prozent der Denktätigkeit verrückt sind und die anderen dreißig Prozent es wert sind, dass man ihnen folgt. Es bedeutet, dass alle Begierden und alle Ängste verrückt sind. Alle Gedanken von »Dies will ich« und »Das will ich nicht« sind verrückt. Das bedeutet nicht, dass es keinerlei Aktivität geben würde. Aktivität kann entstehen, aber Aktivität wird dir nicht länger von deinem verrückten Onkel diktiert. Es wird dir diktiert als Reaktion auf das, was gegenwärtig ist.

Nun sage mir, ist jetzt noch irgendein Wollen übrig? Ist irgendetwas unvollständig geblieben?

Nein.

Sicher?

In diesem Augenblick nicht, aber ich weiß nicht, wie das in anderen Augenblicken ist.

Geh zu einem anderen Augenblick als diesem. Versuche, diesen Augenblick hier und jetzt zu verlassen. Ich werde hier in diesem Augenblick bleiben und zuschauen. Du gehst zu einem anderen Augenblick; ich will sehen, wie du das machst.

Hast du es schon geschafft?

Ich bleibe bei dir.

Hast du eine Wahl?

Nein.

Du siehst, dieser Augenblick hier ist alles, was du hast. Versuche, irgendwohin sonst zu gehen – du kannst es nicht. Versuche, irgendwo sonst zu sein und nicht hier – du kannst es nicht. Du hast keine Wahl. Du hast eine Speisekarte bekommen, und auf der steht nur ein einziges Gericht: Hier-und-Jetzt-Suppe. Das ist es! Das ist alles, was serviert wird.

(*Lachen*) Also entspanne dich. Die Wahl ist schon getroffen worden. Du bist auf das Hier und Jetzt festgenagelt. Ja, festgenagelt. (*Lachen*) Du kannst da nicht raus. Versuch es!

Ich möchte da nicht raus.

Du kannst es nicht.

Gut.

Die Wahl besteht nicht darin, hier zu sein, jetzt zu sein, in diesem Augenblick zu sein. Da gibt es keinerlei Wahl. Die Wahl besteht darin, ob du diesen Augenblick dazu verwendest, das, was wirklich ist, zu genießen oder ob du stattdessen auf einen verrückten Onkel hörst. Und du hast wahrscheinlich inzwischen schon gemerkt, worin meine Empfehlung besteht.

Ich möchte lieber wirklich sein, weil mein Onkel total verrückt ist.

Jeder Onkel ist verrückt. In Wirklichkeit gibt es nur einen einzigen Onkel. Man nennt ihn den »kollektiven Geist«. Es ist äußerst sonderbar, wenn du einmal damit anfängst, dich umzuschauen. Das menschliche Dasein ist wirklich eine bizarre Geschichte. Jeder rennt im Kreis herum, um Dinge oder Erfahrungen zu erwerben, die ihm nie das Glück bringen werden, das er erwartet hat. Es ist ein absoluter Masochismus, verstehst du. Jeder rennt herum und versucht, äußerliche Liebe zu bekommen; und was für ein Chaos bringt das mit sich! Du bekommst, was du willst, und dann rennst du im Kreis herum und versuchst, es wieder loszuwerden. (*Lachen*) In der Zwischenzeit könntest du ruhen und die Liebe selbst sein. Und dein eigenes Selbst in manifestierter Form wird als Zuflucht zu dir kommen. Jeder rennt im Kreis herum, um Wohlstand zu erwerben. Und dann bekommt er ihn und muss alles ausgeben, um seine Magengeschwüre, die er sich beim Zusammenraffen seines Wohlstands geholt hat, behandeln zu lassen. Du kannst aber auch in Dankbarkeit für das, was ist, ruhen, und Reichtum wird in jedem Augenblick zu dir kommen. Jeder rennt im Kreis herum, um Weisheit und Erleuchtung zu erlangen. Bist du bereit, dem allem völlig zu entsagen?

Ja.

Bist du damit fertig?

Ja, das funktioniert prima.

Es funktioniert nicht, weil die Arbeit, die ich mache, funktioniert; es funktioniert, weil *Du* funktionierst. Wenn du dich in das entspannst, was du wirklich bist, funktionierst du großartig. Deshalb ist es etwas sehr Lohnendes, die Menschen einfach wieder zu ihrem natürlichen Zustand zurückzuführen. Und dann sagen sie: »Toll, das ist großartig!« An den Wochenenden machen wir nichts anderes, als deine Fähigkeit, natürliche Erfahrungen zu haben, wiederherzustellen. Und dein natürlicher Zustand ist frei. Dein natürlicher Zustand ist fließend – und das bedeutet auch, dass dein natürlicher Zustand kein Problem ist. Dein natürlicher Zustand ist natürliche kreative Reaktion auf das Leben. Und deine natürliche Reaktion ist Liebe. Du bist von Natur aus liebevoll. Liebe muss man dich nicht lehren.

Du bist von Natur aus liebevoll und freigebig und gut,
Und vollkommen und im höchsten Grade *göttlich.*
Du bist all *Dies.*
Du bist von Natur aus die Quelle jeglicher Weisheit.
Du brauchst keinen Guru.
Es ist nicht notwendig.
Du bist schon alles.
Entferne einfach ein kleines Zurückschrecken
Vor den Dingen, die Widerstand verursachen –
Und du kannst einfach in dein *Selbst* zurückfallen.
Dann sind die Dinge einfach –
Solange du nicht wieder auf deinen Onkel hörst!
Dann wird es kompliziert.
Aber du kannst jederzeit wieder aufhören, auf deinen Onkel zu hören,
Und die Dinge werden wieder einfach sein.

12
Beginne am Ende

Wenn du versuchst, zuerst jeglichen Widerstand aufzulösen,
Wird es sehr kompliziert.
Beginne mit dem Abschluss der Reise.
Beginne dort, wo die spirituelle Arbeit endet.

Beginne damit, erwacht zu sein.

Und sobald du ein gutes Gefühl für die Dinge hast –
Die Tische werden richtig herum gedreht,
Der Teekessel balanciert nicht länger auf seiner Nase,
Die Brille wird an ihren richtigen Platz zurückgesetzt –
Kannst du sehen, was was ist.
Dann kannst du alles ein bisschen besser putzen.

Beginne mit dem Erwachen;
Dann mache Großputz.

13 Der Schlüssel

Es ist, als hätte
Gott einen riesigen Schlüssel zurückgelassen,
Genau über der Oberseite von jeglichem Ding;
Wie ein Kreuzworträtsel
Mit der Lösung strahlend in Neonlicht.

Der Himmel ist der riesige Schlüssel
Für die Natur der Dinge –
Weit, leer, ausgedehnt, stets präsent, subtil.

Schaue so weit du willst, um die Grenze zu finden.

Sieh das stille, doch glorreiche Banner
Von deines Herzens Gesang, in Neon über den Himmel geschossen.

14 Die Gegenseitigkeit des Erwachens

Ich bin kein Guru.
Ich habe kein Interesse an Gurus.
Ich habe überhaupt kein Interesse.
Aber ich bin leidenschaftlich interessiert
An der Gegenseitigkeit des Erwachens –
Dass wir als Freunde zusammensitzen können,
Du und ich,
Und all unsere Karten auf den Tisch legen.
Ich bin sicher, du hast deine Schwierigkeiten im Leben,
Du hast deine Gefühle.
Alle Menschen haben Schwierigkeiten mit Geld,
Mit Beziehungen, mit Gesundheit.
Auch ich habe mit genau demselben Kram zu tun.
Und alles davon schwebt
In diesem großen *Mysterium*.

Es ist uns allen gemeinsam.

Ich kenne viele von den zeitgenössischen Lehrern,
Nachdem ich selbst eine Art von Lehrer geworden bin,
Nachdem ich von Papaji aufgefordert worden bin,
Die *Wahrheit* zu repräsentieren.
Ich hätte das niemals getan,
Wenn er nicht insistiert hätte;
Aber er tat es.

So lerne ich nun andere Menschen kennen, die lehren,
Sowohl in seinem als auch im Auftrag anderer.
Und ich sage euch: Alle sind gleich.
Es mag verschieden aussehen;
Wenn einer vorne sitzt und Satsang gibt,
Erzählt er nicht immer viel
Über sein eigenes Leben;
Er spricht von der absoluten Wahrheit.
Aber ich kann euch sagen,
Kratzt ein wenig an der Oberfläche,
Lernt den Menschen hinter den Kulissen kennen:
Und alle sind gleich.
In Beziehungen
Macht jeder dasselbe durch.
Wenn nicht genug Geld da ist,
Macht sich jeder dieselben Sorgen.
Wenn der Körper krank wird,
Macht jeder dieselbe Art von Erfahrung.
Das nennt man ein menschliches Wesen.
Daran ist nichts verkehrt.
Doch diesem Meer der Menschheit gemeinsam
Ist etwas, das unterhalb der Oberfläche ist –
Wartend –,
Es ist das, was du bereits bist,
Das, was wir alle bereits sind.
Und um das zu sein,
Ist es nicht erforderlich, etwas zu vollbringen
Oder deine Beziehung in irgendetwas zu verwandeln.

Papaji ist mein Schatz gewesen.
Er ist derjenige, der die Pfeife
Zu dem ganzen Spiel geblasen hat.
Aber dann hatte er das Wohlwollen
Und das Mitgefühl,
Um sich mir als menschliches Wesen zu zeigen.
Ich lebte eine Zeit lang in seinem Haus;
Ich frühstückte am Morgen mit ihm,

Ich ging, um ihn im Satsang zu sehen,
Und dann kehrten wir gewöhnlich zurück und aßen zu Mittag.
Ich bemerkte, dass dieser Kerl all jene Empfindungen hatte,
Die ich in mir selbst nicht akzeptieren wollte.
Alle Gedanken,
Alle Arten von Vorurteil,
Die ich in mir
Für so schrecklich hielt,
Er offenbarte sie mir.
Aber was ich bei ihm bemerkte, war,
Dass die Tendenz, all dies schlecht zu machen,
Bei ihm niemals aufkam.
Wenn Ärger in ihm hochkam –
Wuuuuh! –
Und er kam in ihm hoch,
Dann pflegte er durchzurauschen,
Und ohne Spur zu verschwinden.

Genau das wurde schließlich zur größten Lehre.

Ich habe so viele Lehrer gehabt,
So viele große erleuchtete Wesen gesehen,
Auf einem Podium sitzend,
Die Kameras auf sie gerichtet,
Die ganze Guru-Nummer abspulend.
Und wozu führte das?
Zu Trennung.

Dann traf ich Papaji.
Sehr viele Leute wollten für ihn
Ebenfalls eine Mega-Guru-Situation schaffen.
Er weigerte sich, bis auf die letzte kurze Zeit.
Fünfzig Jahre lang weigerte er sich.
Er war einfach, gewöhnlich.
Darin lag solches Mitgefühl,
Weil es all deine Erwartungen zerstörte.
In seiner tiefen Gewöhnlichkeit,

In seinem Zorn über alle möglichen Dinge,
Erkannte ich, dass sein Erwachtsein
Nichts damit zu tun hatte,
Welche Art von Empfindungen aufstiegen
Oder welche Art von Gedanken kamen.
Es hat nur damit zu tun,
Alles so zu lassen, wie es ist;
Es in seiner natürlichen Einfachheit zu lassen.
Viele Leute waren darüber schockiert,
Wie gewöhnlich er sich sein ließ,
Und sie liefen in selbstgerechter Entrüstung von ihm fort.
Aber wenn man das wirklich entspannt betrachten konnte,
Dann war es befreiender,
Als jede andere Lehre sein könnte;
Denn letzten Endes war seine Gewöhnlichkeit –
Seine gewöhnliche Menschlichkeit –
Die größte Lehre.

Lass dich so, wie du bist.
Wenn du deinen Lehrer
Gewöhnlich und launisch sein lassen kannst,
Kannst du dich selbst ebenfalls
Gewöhnlich und launisch sein lassen.

Dir das zuzugestehen,
Macht es dir möglich, dich zu entspannen
In einfache geistige Gesundheit,
In den Frieden des *Herzens*, nach dem du dich immer gesehnt hast.

15 Lass Vorliebe gehen

Ein Messer, das eine Melone durchschneidet, kann unmöglich eine einzige Hälfte zurücklassen.

Kannst du einsehen, dass das Haften an Gnade
Oder an einer Erleuchtungserfahrung
Geistige Aktivität zur Folge haben muss?

So ist eine Vorliebe entstanden.

Wenn eine Melone in zwei Teile zerschnitten wird,
Bleiben zwei Hälften zurück.
Wenn du die Wirklichkeit zerschneidest in Erleuchtung,
Die den Gedanken entgegengesetzt wird,
Dann hat das Dualität und eine Welle geistiger Aktivität zur Folge.

Hier und jetzt
Lass die Vorliebe für die Gnade gegenüber den Gedanken gehen;
Heiße geistige Reaktionen und Gnade gleichermaßen willkommen.
Vielleicht könntest du deine Arme weit genug ausstrecken,
So dass sowohl das gute Kind als auch das böse Kind
Gleichermaßen geliebt werden.

Dann ist alles, wovon gesprochen wird, einfach der Gesang Deines eigenen Herzens.
Und alles wird gleichermaßen umarmt.

16

Gib den Kampf auf

Du bist bereits das, was du suchst.
Alles, was nötig ist, um dies zu wissen,
Ist, den Kampf aufzugeben.
Es ist so einfach.
Und wenn ich sage »Gib den Kampf auf!«,
Bedeutet das nicht, dass du keinen Stress mehr haben wirst.
Das ist so einfach,
So unbestreitbar.
Gefühle, die kommen und gehen, sind kein Problem.
Starke Gefühle kommen
Und verschwinden wieder.
Starke Gedanken kommen
Und verschwinden wieder.
Da ist nur ein winziges Ding,
Das ein Problem verursachen könnte
In alledem,
Und es ist so ein winziges Ding,
Dass du es mit einer kleinen Nadel
Zum Platzen bringen kannst.
Das einzige Ding, das verhindern könnte,
Dass alles natürlich und entspannt ist,
Ist die Vorstellung, dass
Diese ganzen Sachen bei dir nicht passieren sollten.
Jene winzige Idee
»Ich sollte dieses Gefühl nicht haben;

Ich sollte diesen Gedanken nicht haben«
Erzeugt diese Mauer in dir selbst,
Und dann geht dieser Sinn für Gegenwärtigkeit verloren.
Die Gedanken, die kommen, und die Gefühle, die kommen,
Sind keinerlei Problem.

Was ist ein Gedanke?
Er ist ein imaginäres Objekt.
Er ist etwas, das nicht existiert.
Er hat keine Macht.
Etwas, das imaginär ist,
Hat keinerlei Macht über dich.
Die einzige Macht, die es haben könnte,
Ist, dass du ihm Widerstand entgegenbringst.
Wenn du dir einbildest, dass das Objekt wirklich ist,
Dann bist du in der Lage, zu leiden.
Aber das imaginäre Objekt selbst
Wird dich niemals verletzen.
Wie kann etwas, das du bereits als imaginäres Objekt
Erkannt hast, dich noch berühren –
Außer in dem Augenblick, da du ihm Widerstand entgegenbringst?
Ein Gefühl kann dich nicht verletzen.
Ein Gedanke kann dich nicht berühren.

Nach all diesem:
Was bleibt übrig,
Das wirklich ist,
Um dich zu verletzen –
Jetzt, in diesem Augenblick?

17

Hochzeit

Singe das Lied dieses Augenblicks,
Anstatt des Chors von »Dem, was geschehen könnte«,
Anstatt all der Litaneien von »Manchmal«, von »Gelegentlich« und
»Ich erinnere mich«.

Singe das Lied von der Vollkommenheit des *Jetzt*.
Reich deine Hand.
Vertiefe deine Hochzeit mit *diesem Augenblick*.

18 Wer will erleuchtet sein?

Als ich meinen Lehrer traf,
War ich äußerst beschäftigt
Mit der spirituellen Suche.
Ich wollte »erleuchtet« werden.
Jetzt bin ich nicht sicher, was jenes Wort bedeutet,
Aber das war es, was ich damals wollte.
In Wirklichkeit war es eine Art und Weise zu sagen,
Dass ich dem Leiden entfliehen wollte,
Diesem ständigen Wandel, dieser ständigen Unruhe,
Ein menschliches Wesen zu sein.
Ich ging zu ihm hin und sagte ihm:
»Ich möchte frei vom Suchen sein.«

Aber anstatt zu sagen:
»Gut, hier ist, was du zu tun hast;
Rezitiere dieses Mantra
Oder übe dich in dieser Yoga-Stellung!«
Stellte er einfach jedem
Die gleiche Frage:
»Wer ist es, der da frei sein will?
Wer ist derjenige,
Der nach einem bestimmten spirituellen Zustand strebt?«

Diese Frage wird gewöhnlich übersehen.
Wer ist dieser Eine?

Wer ist diese Person,
Die mit spiritueller Praxis beschäftigt ist,
Die ständig versucht, etwas zu erlangen,
Das bisher noch nicht erlangt worden ist?

Später kam mein Vater nach Indien.
Ein britischer Journalist,
Mit einer ordentlichen Ausbildung in Oxford.
Er traf meinen Lehrer und fand ihn sehr nett.
Nach ein paar Tagen musste er mir
Die unausweichliche Frage stellen:
»Warum führst du nicht einfach
Ein ganz normales Leben?
Warum bist du hier in Indien,
In all diesem Dreck und Chaos,
Und lebst bei einem Guru?
Warum tust du nichts Nützliches?«
Ich sagte zu ihm:
»Wir sind gewöhnlich im Leben so sehr damit beschäftigt,
Dies und das und jenes zu tun,
Und nie geben wir lange genug Ruhe, um uns zu fragen:
»Wer bin ich?
Wer ist dieser Eine hier?«
Ich sagte zu ihm:
»Papa, wer bist du?«
Und er gab eine Antwort,
Die es für alle von uns auf den Punkt bringt:
»Man stellt einfach nicht
Diese Art von Frage!
Warum solltest du das wissen wollen?
Warum ist das so wichtig?«

Zu erkennen, warum dies so wichtig ist,
Könnte jetzt die wichtigste Frage
Für diese ganze Spezies auf diesem Planeten sein.
Das klingt vielleicht jetzt etwas fanatisch,
Aber ich bin der Meinung,

Dass sogar das Überleben des Lebens
Auf diesem Planeten
In der einfachen Frage liegt:
»Wer bin ich?«

Wir haben hinter immer mehr Geld hergejagt,
Hinter immer mehr Glück,
Mehr Sex mit mehr Leuten,
Mehr dies,
Mehr das,
Ohne zu fragen, wer es ist,
Der hinter all diesen Dingen herjagt.
»Wer bin ich?«

Wenn du in ein Kunstmuseum gehst
Und dort ein schönes Bild siehst,
Sagen wir, die »Mona Lisa«
Oder einen Engel von Botticelli,
So könnte es sein, dass du jenes Bild betrachtest
Und es sehr schön findest;
Und dass du tief berührt bist.
Aber ein anderer Mensch könnte
In das Museum gehen,
Dasselbe Bild anschauen
Und es überhaupt nicht schön finden.
Wo ist dann die Schönheit?
Unsere normale alltägliche Erfahrung
Sagt uns, dass die Schönheit
Da in dem Bild liegt;
Aber das kann nicht sein,
Denn sonst würde jeder die gleiche Schönheit
In denselben Bildern sehen.
Aber wo ist die Schönheit dann,
Wo ist der Ursprung der Schönheit?

Sie muss in *Dem* liegen,
Der das Bild wahrnimmt.

Ansonsten würde ja jeder dasselbe Bild
Schön finden.
Sie ist also in dir, lediglich nach außen projiziert.

Und dasselbe wird wahr, wenn du jemanden liebst,
Sehr tief liebst.
Was ist die Quelle,
Was ist die Ursache dieser Liebe?
Wir möchten behaupten, dass die Liebe
Verursacht wird durch die Anwesenheit des anderen.
Aber nicht jeder wird deinen Geliebten
So attraktiv finden, wie du es tust
Oder dieselbe Liebe und Nähe für ihn empfinden.
Es wäre letztendlich ja auch sicher besser für dich,
Dies nicht zu hoffen!
Die Liebe kommt aus dir selbst,
Sie wird nach außen projiziert.

In der Untersuchung dieser Frage:
»Wer bin ich?«,
In der totalen Vertiefung
Deiner Aufmerksamkeit ganz zurück in dein *Selbst*
Wird die Quelle der Liebe,
Die Quelle des Glücks,
Die Quelle des Friedens offenbart.
Dies ist nicht nur das Ende
Des Suchens und das Ende
Des unnötigen Kampfes für dich,
Nicht nur das Ende
Des Suchens und das Ende
Des unnötigen Kampfes für mich,
Sondern auch das Ende
Des Suchens und das Ende
Des unnötigen Kampfes für die Welt,
In der wir leben –
Für unsere Kinder.
Diese Welt ist gekennzeichnet durch Trennung,

Von mir – gegen dich.
Ich bin der Gewinner; ich bekomme mehr Geld,
So dass weniger bleibt für dich:
Wettbewerb, nichts als Wettbewerb.
So lange wie wir die wahre Quelle
Von Glück und Frieden übersehen,
Scheint nie genug für uns da zu sein.
Wir empfinden stets einen Mangel
Und streben nach mehr.
So sind wir bereit, ganze Wälder zu opfern,
Nur, um noch mehr Geld zu bekommen.

Satsang bedeutet, unsere Aufmerksamkeit zurück
Auf die wahre Quelle des Glücks zu wenden.
Wir durchbrechen die Sucht,
Immer nur nach außen zu schauen.
Wir müssen nicht länger
Riesige materielle Gebäude erschaffen,
Um uns Sicherheit aufzubauen.
Du kannst dich sicher fühlen im Gewahrsein
Dessen, der du wirklich bist.
Dies ist der Sinn von Satsang.

19

Längst schon hier

Es ist wirklich sehr einfach,
Es ist jedermanns Recht von Geburt;
Es kann nicht verweigert werden, sobald es geschaut ist.
Ein ganz alltägliches, einfaches, entspannendes und behagliches Ding:
Dein eigenes wahres Herz, deine eigene wahre Natur, und –
Längst schon hier.

Dieses Ding zu übersehen, dieses Nicht-Ding,
Heißt, unnötigerweise zu leiden,
Heißt, unnötigerweise identifiziert sein mit etwas,
Unnötigerweise gefangen sein von etwas,
Welches ursprünglich dazu bestimmt war, ein heiteres Spiel zu sein:
Die Vielfalt der Formen.

Dieses Nicht-Ding wiederzuerkennen,
Zu deiner wahren Natur zu erwachen,
Bedeutet, ganz bequem aus der Falle der Identität zu gleiten
Und zu entdecken:
Die Quelle allen Glücks,
Die Quelle aller Liebe,
Die Quelle aller Schönheit,
Ist: *Du*.

20 Keine Vorbereitung nötig

Du hast gesagt, dass du zwanzig Jahre lang gesucht hast, bevor du deinen Lehrer getroffen und die Suche aufgegeben hast. Wie kannst du wissen, dass diese ganzen zwanzig Jahre für das Erreichen jenes Moments, in dem du beschlossen hast, einfach im Augenblick zu sein, keine Rolle gespielt haben? Woher willst du wissen, ob es vielleicht nicht nötig war, den Weg zu jener Stelle zurückzulegen, wo du endlich von der Klippe gesprungen bist?

Nimm einmal an, dass deine Brille auf deiner Nase sitzen würde, du aber der Meinung wärest: »Ich habe meine Brille verloren.« Du schaust unter das Sofa – da ist sie nicht. Du schaust unter die Kissen – auch nicht da. Du schaust unter dein Bett, du schaust in der Hausapotheke, du schaust in sämtlichen Küchenschränken, du schaust in deinem Auto, du schaust im Garten; du suchst drei Stunden lang überall nach deiner Brille. Zuletzt setzt du dich erschöpft nieder und entdeckst, dass sie die ganze Zeit auf deiner Nase saß. Du erkennst, dass du durch das geschaut hast, was du suchtest. Daraufhin sagt jemand zu dir: »Woher willst du wissen, dass diese dreistündige Suche an all den falschen Plätzen in Wahrheit gar nicht nötig war, um die Brille auf deiner Nase zu finden?«

Das ist eine gute Frage, denn schließlich warst du erst nach jenen drei Stunden des Suchens erschöpft genug, um dich aufs Sofa zu setzen und die Brille auf deiner Nase zu entdecken. Das ist eine gute Frage; und man kann es nicht wissen. Das Einzige, was ich euch sagen kann, ist, dass in Wirklichkeit keine Vorbereitung nötig ist. Es mag zufällig so aussehen, als ob die Ereignisse so ablaufen würden, dass die Menschen überall suchen müssten, um die totale Suche aufzugeben und zu entdecken, dass sie das, was sie gesucht haben, die ganze Zeit schon besaßen. Tatsächlich aber ist es in Wahrheit so, dass das nicht notwendig ist. Es ist unnötig, das ganze Haus auf den Kopf zu stellen, um herauszufinden, dass die Brille auf deiner Nase saß. Das hättest du gleich zu Anfang herausfinden können.

Der Buddha hatte es mit der gleichen Frage zu tun. Er wurde als Prinz Siddartha geboren. Bei seiner Geburt verkündete der vedische Astrologe, den man befragt hatte, seinem Vater: »Dieser Prinz wird entweder ein großer spiritueller Asket oder ein Weltherrscher.« Sein Vater, der König, antwortete: »Wir sollten lieber dafür sorgen, dass er ein großer Herrscher wird.« Darauf erwiderte der Astrologe: »Gut, dann achte darauf, dass er Tod und Verfall niemals zu Gesicht bekommen wird, denn sobald er die vergängliche Natur der Welt erkennt, wird er jegliche Bindung daran verlieren.« Wie ihr aus Buddhas Lebensgeschichte wisst, wuchs er behütet auf und heiratete eine schöne Prinzessin, Yashodarā, die schönste Frau im ganzen Land. Sie hatten einen Sohn und nannten ihn Rāhula. Für Siddartha lief alles bestens, denn schließlich war er der Thronfolger. Er hatte schicke Autos, Fernseher, Mobiltelefone, alles, was das Herz begehrt. Doch eines Tages, um die lange Geschichte abzukürzen, fuhr er mit seinem Wagenlenker Ānanda aus. »Fahr mich vor die Tore des Palastes!« befahl er ihm. Im Inneren des Palastes waren alle jung; niemand durfte über fünfundvierzig sein, denn man wollte verhindern, dass der Prinz graue Haare zu sehen bekam. Doch nun sagte er zu Ānanda: »Fahr mich aus.« Ānanda erwiderte: »Ich denke nicht, dass ich das tun sollte, mein Fürst. Wir haben Anweisung, den Palast nicht zu verlassen.« »Ānanda, ich bin dein Herr. Fahr mich aus!« beharrte Siddartha. Also fuhren sie aus, und als Erstes sahen sie einen Menschen, der krank war. Siddartha fragte: »Was ist los mit diesem Mann?« Ānanda antwortete: »Er ist krank, Herr.« »Krank!« rief der Prinz aus. «Werde auch ich einmal krank?« Ānanda erwiderte: »Ja, es ist möglich, dass Ihr krank werdet, Herr.« Betroffen lehnte sich Siddartha wieder zurück in seinen Wagen. Über diesen Aspekt des Lebens hatte er niemals nachgedacht.

Sie setzten ihre Fahrt außerhalb der Palastmauern fort und begegneten daraufhin einem sehr alten Mann, gebeugt und verhutzelt.

»Was ist mit ihm passiert?« wollte der Prinz wissen. Der Wagenlenker antwortete: »Er ist alt, Herr.« »Werde auch ich alt?« fragte Siddartha. »Gewiss werdet Ihr alt, Herr«, antwortete Ānanda.

Als Nächstes stießen sie auf einen Leichenzug. In Indien benutzt man keine Särge; der Leichnam wird einfach auf einer blumengeschmückten Bahre getragen. »Nun, was passierte denn mit diesem Mann?« fragte der Prinz wieder. »Er ist gestorben, Herr«, kam als Antwort. »Werde auch ich sterben?« wollte Siddartha wissen. »Ihr werdet mit Sicherheit sterben, Herr.«

Zuletzt sahen sie einen Asketen unter einem Baum sitzen, mit strahlendem Aussehen, in ein orangefarbenes Gewand gehüllt. Siddartha fragte: »Was ist los mit diesem Kerl?« Und Ānanda erwiderte: »Er hat der Welt entsagt.« Siddartha schwieg.

An jenem Abend kam der Prinz spät nach Hause. Er stand an der Schwelle seines Schlafzimmers und sah seine schöne Frau Yashodarā, die da schlafend mit ihrem Baby lag. Dies ist ein sehr ergreifender Augenblick – ein Augenblick, an den jeder einmal gelangt – ein Augenblick, an den ich selbst gelangt bin. Da stand er auf der Schwelle, einerseits hingezogen zu seinem Familienleben und zu seinen Verpflichtungen, andererseits getrieben von seiner Sehnsucht nach Freiheit.

Er entschied sich dafür, sein altes Leben ganz hinter sich zu lassen – was heutzutage wirklich nicht mehr nötig ist! Er aber beschloss, alles zu verlassen. In seiner Suche nach Freiheit begann er, alles auszuprobieren. Er schnitt sich die Haare ab. Er tauschte seine schönen Prinzengewänder gegen die Lumpen eines Bettlers. Sechs Jahre lang machte er alles, was er finden konnte: Urschrei, EST, Rolfing, Scientology; alles, was es gab, probierte er aus. Er ließ sich kopfunter von einem Baum herunterhängen. Er starrte drei Tage lang den Mond an. Alles, was er finden konnte, probierte er aus.

Schließlich kam er an den Punkt, an den jeder früher oder später kommt, und das ist meine Einladung an euch heute Abend – euch an diesen Punkt zu bringen. Er hatte gefastet; das war seine letzte Masche gewesen: Er aß jeden Tag nur ein paar Hanfkörner und war inzwischen wirklich nur noch Haut und Knochen. Er war in einen Fluss gefallen und hatte kaum noch die Kraft gehabt, sich herauszuziehen. Schließlich kam eine Frau vorbei und sagte zu ihm: »Was um

Himmels willen ist denn mit dir los? Du siehst ja furchtbar aus!« Und er sagte: »Oh, ich bin ein heiliger Mann. Ich faste.« Und sie sagte: »Mach dich nicht lächerlich! Iss lieber etwas Joghurt.« (Die Moral von dieser Geschichte lautet: Hört auf die Frauen! Bei ihnen ist der Kopf viel besser angeschraubt als bei uns Kerlen.) Sie meinte also: »Gib es auf, iss ein wenig Joghurt.« Und das weckte ihn auf aus seiner masochistischen Trance, die man spirituelle Suche nennt. Dann ging er hinüber zu einem Baum, einem Bodhibaum, und setzte sich darunter. Nun werde ich aus einer Übersetzung der originalen Palischriften zitieren. Er setzte sich unter den Baum und sagte: »Schluss damit!« Das hat er wirklich gesagt. Er setzte sich und sagte: »Schluss damit; ich habe genug!« Das ist der Punkt, an den auch ihr kommen solltet. »Ich bin fertig, Mann; ich bin total fertig. Das war's!« Er setzte sich, schloss die Augen und sagte: »Ich werde mich nicht mehr von diesem Platz erheben, bis es vorbei ist, was immer es ist – ich weiß es nicht einmal mehr –, aber was immer es sein mag, ich werde mich nicht mehr von diesem Baum entfernen, bis es vorüber ist.«

Siddartha brauchte nur eine Nacht unter dem Bodhibaum zu bleiben.

Ich sage euch, es braucht dazu nicht einmal eine Nacht. Genau hier in diesem Raum um 8 Uhr 42 – wenn ihr euch entscheidet, dass um 8 Uhr 43 die Suche vorbei ist, dann ist die Suche vorbei. Siddartha hatte sich gesetzt, und während jener Nacht gelangte er zu der Erkenntnis, dass das, was er gesucht hatte, das war, was er in Wirklichkeit war. Das ist alles. Dann kam natürlich Māra, die Inkarnation der Begierde und des totalen Marketing zu ihm, um ihn zu versuchen: »Komm, komm, komm!« Doch er schaute Māra direkt in die Augen und sagte: »Ich weiß, dass du eine Schöpfung meines eigenen Geistes bist. Ich weiß, dass du nicht mehr Wirklichkeit hast als meine Gedanken.« Und Māra verschwand. Die Illusion war geplatzt, seht ihr, sobald er erkannt hatte, dass alles aus dem Geist geboren wird. Dann wusste er, dass er bereits das war, was er gesucht hatte und was er immer schon gewesen war. Er war immer schon ein Buddha gewesen – das bedeutet *Bewusstsein*.

Jetzt komme ich zum entscheidenden Punkt der Geschichte. Er ging zurück nach Sarnath zu seinen Kameraden. Sie warfen nur einen einzigen Blick auf ihn und riefen aus: »Meine Güte, Sid, was ist denn mit dir passiert?« Denn er sah so verändert, so strahlend aus. Seine Antwort war sehr bedeutsam: »Nichts passierte mit mir unter dem Bodhibaum, nichts. Deshalb kann es höchste, vollkommene Erleuchtung genannt werden – weil nichts geschah. Ich hörte auf, darauf zu warten, dass etwas geschehen würde.«

Viele Jahre später kehrte er ins Königreich der Shākya zurück, in dem er einst der Kronprinz gewesen war, und seine Frau Yashodarā war immer noch da. Mittlerweile war ihr Haar ergraut, und ihr Sohn war ein Teenager. Sie kam ihm aus dem Palast entgegen, mit einem Nudelholz in der Hand: »Wo bist du in all diesen Jahren gewesen? Schließlich bist du mein Mann.« Er sagte: »Nun, ich habe das Ende der Suche erreicht.« Da meinte sie: »Hättest du nicht das, was du erreicht hast, auch hier im Palast bei mir und Rāhula erreichen können?« Er antwortete: »Ja, in der Tat hätte ich das gekonnt. Die Wahrscheinlichkeit ist gering, aber ich hätte es gekonnt.«

Dies ist die Antwort auf deine Frage. Es ist nicht notwendig, Jahre mit Suchen zu verbringen, um zu erkennen, dass du Dies immer schon gewesen bist. Die tatsächliche Abfolge der Ereignisse scheint zwar so auszusehen, dass man die Zeit der Suche wirklich durchmachen und erschöpfen muss, um dann rückblickend zu erkennen, dass man die Sucherei letzten Endes gar nicht gebraucht hätte. Irgendwie muss man es versuchen, um dann einzusehen, dass man es nicht braucht. Wer kann da sagen, ob es nötig ist oder nicht?

Doch irgendetwas verändert sich jetzt. Ich kann euch nicht einmal sagen, woher ich das weiß, aber ich bin mir da ganz sicher. Ich weiß das so wie jemand, der etwas ohne den geringsten Zweifel weiß. Ich reise durch ganz Amerika. Ich besuche jeden Monat zwei oder drei große Städte wie diese hier. Ich fahre auch nach Europa, und überall, wohin ich auch gehe, erlebe ich dasselbe. In der ganzen weiten Welt kommt es zur Erkenntnis – zur selben Erkenntnis, von der wir in den *Upanischaden*, den *Veden* und der *Bhagavad-Gītā* lesen. Gewöhnliche Menschen gelangen nun zu der selben Stufe der Erkenntnis. Ich weiß nicht warum. Vielleicht sollten wir alle unseren Lehrern dafür danken, dass sie den Grund gelegt haben. Etwas Unglaubliches ereignet sich jetzt. Ich kann das nicht vor euch rechtfertigen; es ist etwas jenseits von Rechtfertigung. Jeder, der jetzt die Freiheit erkennen will, kann sie jetzt haben – ein jeder –, unabhängig von aller Vorbereitung. Ich habe Menschen getroffen und mit Menschen gearbeitet, die keinerlei Vorbereitung hatten. Ein Zimmermann, der niemals ein spirituelles Buch gelesen hatte, kam zu mir, weil er mich im Radio gehört hatte und meine Worte ihn irgendwie berührt hatten. Ich schaute ihm in die Augen und sagte: »Kümmere dich nicht um all dieses Zeug. Wer bist du in diesem Moment?« Er erkannte, wer er wirklich ist, er erwachte, und es ging nicht wieder weg. Und dabei hatte er kein einziges Mal meditiert.

Die Gewohnheit des Suchens wird nach einer Weile zu einem Hindernis statt zu einer Hilfe, weil man dabei zu einem Profi geworden ist. Man wird so gut in der Ausübung von Praktiken und so in ihre besonderen Details verwickelt, dass man vergisst, warum man diese Praktiken zuallererst angefangen hatte.

Überall ändert sich nun die Frequenz des *Bewusstseins* auf wirklich schnelle und dramatische Weise, und der ganze Planet bewegt sich in dieser intensiven Schwingung. Man sieht es nicht, aber als ich 1991 Poonjaji zum ersten Mal besucht habe, war diese Erkenntnis bei fast niemandem in seiner Umgebung in irgendeiner Weise stabil. Nur bei sehr wenigen. Bei mir dauerte es sechs Tage, in denen Poonjaji mich intensiv bearbeitete, und dabei war ich schon im Feuer. Später erzählte er mir, dass er mich in jener letzten Nacht die ganze Nacht über bearbeitet hatte. Und ich war, so würde ich sagen, schon ziemlich reif. Jetzt ist das Jahr 1998, nur sieben Jahre später, und genau dieselbe Sache, die 1991 mit mir passiert ist, kann jetzt für die Leute innerhalb einer Stunde geschehen. Also ist da etwas, das sich mehr und mehr und mehr beschleunigt. Man kann es nicht messen; aber während ich von Ort zu Ort reise, fällt mir auf, dass der Schleier auf schnelle und dramatische Weise gehoben wird. Ich habe andere Freunde, die ebenfalls so wie ich lehren, und auch sie stellen fest, dass überall dasselbe passiert. Nach meiner Schätzung dürfte es in wenigen Jahren Millionen von voll verwirklichten Menschen auf diesem Planeten geben. Mit »voll verwirklicht« meine ich, dass sie das Suchen aufgegeben haben. Das ist alles, was »verwirklicht« tatsächlich bedeutet. Du gibst die Suche auf und erkennst, dass du immer schon dies gewesen bist, das du gesucht hast. Es bedeutet nicht, irgendetwas zu erlangen. Deshalb heißt es auch Selbsterkenntnis oder Selbstverwirklichung, aber nicht »Selbst-Erlangung«. Du erkennst, was für eine Attrappe du gewesen bist – dass du nämlich *Dies* schon die ganze Zeit gewesen bist. Das ist es, was Erkenntnis oder Verwirklichung bedeutet. Du siehst ein, dass du den falschen Baum angebellt hast.

Es geschieht, und es geschieht jetzt – vielleicht weil die Dinge physikalisch, ökonomisch und ökologisch noch nie so instabil gewesen sind. Vielleicht sind unsere Tage gezählt; ich weiß nicht. Sobald du die Freiheit verwirklicht hast, spielt das keine Rolle mehr. Sobald du erkennst, dass du nicht der Körper bist – dass du Bewusstsein bist –, könnte der ganze Zauber morgen in Rauch aufgehen und nichts wäre verloren. Dies ist nichts als Stoff; es ist nichts. Die Liebe bleibt unversehrt, ob sie sich manifestiert oder nicht. Es könnte also die Instabilität der heutigen Umwelt sein, die diese Beschleunigung verursacht. Vielleicht fliegen auch Scharen von Engeln in der Luft herum, die Wunderstaub über uns ausschütten, ich weiß es nicht. Aber was ich euch sagen kann, ist, dass jetzt die Zeit ist.

Nehmt es an von mir: Für eine Verschiebung gibt es keinerlei mögliche Begründung. Wenn du das Anrecht darauf bis jetzt nicht erworben hast, wirst du es niemals bekommen.

21
Fege den Altar frei

Nimm den Altar deines Lebens und fege alles fort von ihm:
Die Sicherheit, die tollen Beziehungen, die schönen Villen,
Den richtigen Job, das nötige Geld.

Lass den Marmor deines Altars rein sein,
Kein Stäubchen Staub ist jetzt darauf zu finden.

Weihe deinen Altar der Leerheit des *Herzens*,
Der Fülle der *Liebe*.

Und zuletzt,
Wenn der Altar rein gefegt ist,
Kommen all diese Dinge als beiläufige Gaben zurück.

Aber nicht dann, wenn du sie haben willst,
Nicht dann, wenn du einen Handel machen willst.
Das wird nicht gelingen.

Mach den Altar vollkommen frei.
Übergib dich dem *göttlichen Willen*,

Und dann schaue,
Was geschieht.

22
Eine natürliche Reaktion auf das Leben

Beim Satsang fühle ich vollkommenen Frieden. Doch wenn ich dann nach Hause gehe, muss ich für meine Kinder sorgen und ich verliere diesen Frieden.

Wenn du dich dem Fluss des Lebens
Wirklich unterwirfst,
Unterwirfst du dich nicht nur
Äußeren Geschehnissen,
Du unterwirfst dich auch dem,
Was immer in dir aufsteigt,
Um diesen Geschehnissen zu begegnen.
Sind da Kinder, nun, dann sei es so.
Der Tatsache zu widerstreben,
Dass man sich um diese Kinder kümmern muss,
Wäre ein »Tun«.
Widerstand leisten gegen das Schreiben eines Buches,
Wenn es aus dir herausplatzen will,
Wäre ein »Tun«.
Der Anziehung, die etwas auf dich ausübt, zu widerstreben,
Wäre ein »Tun«.

In Wahrheit aber gibt es kein innen oder außen.
Es ist alles ein Spiel des *Bewusstseins.*
Lass es spielen.
Dann ist da einfach Natürlichkeit –

Da ist eine biologische Natürlichkeit, die eben geschieht.
Dies ist ein menschlicher Affe,
Und er hat den natürlichen Instinkt,
Sich um seinen Nachwuchs zu kümmern.
Warum dem widerstreben?

Wie unterscheidet sich das Verlangen, sich um seine Kinder zu kümmern, vom spirituellen Suchen? Bedeutet das nicht einfach nur noch mehr Suchen?

Da ist eine ganz andere Art von Verlangen.
Einerseits
Gibt es das Verlangen, mehr Geld zu haben,
So dass wir mehr Besitz und mehr Sicherheit erlangen können.
Es ist im Grunde nichts anderes als eine Verzerrung
Des Verlangens heimzukehren:
»Ich möchte Frieden.
Ich möchte entspannen.
Ich möchte wissen, wer ich bin.
Und ich möchte mehr Geld bekommen,
Damit ich später entspannen und friedlich sein kann.«
Das natürliche Verlangen heimzukehren
Wird so auf äußere Geschehnisse projiziert.

Andererseits
Gibt es einfach das natürliche Reagieren auf das Leben.
Das Öl im Auto wird gewechselt,
Weil das Öl im Auto gewechselt werden muss.
Das ist einfach der Fluss des Lebens –
Schwarzes, klebriges Leben, aber eben Leben.
Du brauchst keinen Widerstand zu leisten
Gegen eine natürliche Reaktion auf das Leben.
Der Gedanke »Ich sollte kein Verlangen haben«
Ist lediglich eine andere Art von Betrug.
Es gibt einen Unterschied zwischen
Dem natürlichen Reagieren auf das Leben
Aus einer ganz natürlichen Gegenwärtigkeit heraus,

Und dem Versuch, diese Gegenwärtigkeit
Aus verschiedenen Erfahrungen heraus zu erlangen.
Das Verlangen, Tonnen von Geld zu verdienen,
Auf Grund eines Mangels, den du verspürst,
Ist nun mal eine völlig andere Sache.

Ich finde meine Arbeit als Verleger für mich oft sehr ablenkend.

Sobald du in dem ruhst, der du bist,
Sobald du weißt, wer du bist,
Geht das Leben einfach weiter.

Es bedeutet nicht, dass
Du in einer Höhle sitzt,
Und nichts mehr jemals geschehen wird.
Dies ist in der Tat
Die erstaunliche,
Faszinierende,
Aufregende Herausforderung,
Die wir als westliche menschliche Wesen jetzt haben.
Das Vorbild des Erwachtseins in Indien
Und in anderen orientalischen Ländern
Ist das Vorbild der Entsagung gewesen.
Lies ein Buch wie Stephen Mitchells
Enlightened Heart oder *Enlightened Mind*.*
Fast alle Menschen in diesen Büchern
Sind Mönche oder Einsiedler.
Nun ändert sich das.
Jetzt sind es normale Menschen
Wie du und ich,
Mit Kindern und Beruf,
Die erwachen –
Mitten im gewöhnlichen Leben.
Das wahrhafte und ehrliche Eindringen

---

* Stephen Mitchell (Hrsg.): The Enlightened Heart. An Anthology of Sacred Poetry; The Enlightened Mind. An Anthology of Sacred Prose, Harperperennial Library, 1993

In all dies
Wird dich von jeglichem Betrug befreien,
Wird dich frei sein lassen –
Ohne dass du ein Vorbild haben und
Ohne dass du versuchen musst,
Inder oder Hindu oder Tibeter oder was auch immer zu sein –
Und es wird dich ganz einfach
Der natürliche Jimmie sein lassen, der du bist.
Jimmie, der
Zum Buddha unserer Zeit wird.
Anstatt uns an Buddha wenden zu müssen,
Der vor 2500 Jahren lebte,
Schauen wir jetzt auf Jimmie,
Um einen Weg zu finden, wie wir alle dies tun können.
Jimmie, der Verleger,
Jimmie, der Buddha,
Der mit seinem Nissan zu seinem Verlagshaus fährt.
Dies ist das moderne Vorbild des Erwachens.

Dieser ganzen Sache muss man einen neuen Zusammenhang verleihen,
Denn sechs Milliarden Menschen auf diesem Planeten
Sind wohl nicht eben dabei, Mönch zu werden.
Es ist gar nicht notwendig, irgendetwas von dem aufzugeben,
Das zu einem normalen Leben gehört.
Die Herausforderungen
Und die Schwierigkeiten
Des gewöhnlichen Lebens
Machen *Gegenwärtigkeit*
Stärker und stärker.

Schau dich hier und jetzt um
Und teile diese Gegenwärtigkeit.
Lass dich selbst jetzt *Dies* sein.

23
Umarme alles

Wenn du versuchst, das Leben zu trennen
In etwas, das spirituell ist
Und in etwas, das nicht spirituell ist,
In etwas, das Dualität ist
Und in etwas, das Nicht-Dualität ist,
Dann machst du aus dir eine Art von Krüppel –
Einen Krüppel, der versucht,
Die Gewöhnlichkeit des Lebens zu vermeiden.

Wenn du alles umarmst,
Wird es dir mehr Mut abverlangen.

Aber das, was dir bleibt,
Wird ein erfüllteres Leben sein.
Umarme alles.

24 Befreiung vom Bedürfnis, frei zu sein

Es gibt eine Befreiung
Gerade auch von dem Bedürfnis, frei zu sein,
Gerade auch von dem Bedürfnis zu versuchen, spirituell zu sein.
Diese ist jenseits
Eines Dualismus von erwacht und schlafend,
Von erleuchtet und unerleuchtet.
Diese ist Entspannung in die Soheit der Dinge,
Eben einfach in die Weise, wie sie sind.

Du hast gerade schlechte Laune –
Was ist daran schlecht?
Du hast einen negativen Gedanken –
Wen kümmert es?
Dies alles geschieht in einem »etwas«, das sich nicht ändert.
Experimentiere einmal in der Weise,
Dass du dich einfach allein lässt –
Zugunsten des Zweifels.
Versuche einfach, dir nicht länger selbst den Schorf von der Haut zu kratzen.
Lass dich einfach so sein wie du bist –
Und beobachte, was geschieht.
Dies ist jenseits der Notwendigkeit
Zu versuchen, erwacht zu sein;
Es ist jenseits von Ehrgeiz.

So vieles von dem, was wir für spirituell halten,
Ist nichts als nur eine andere Art von Ehrgeiz.
Wir wollen mehr Geld
Oder mehr Sex
Oder ein größeres Haus
Oder eine bessere Karriere;
Und schließlich und endlich sind wir der Auffassung, dies alles hinter uns gelassen zu haben,
Weil es jetzt Erleuchtung ist, die wir wollen.
Doch das ist nur eine andere Form von Ehrgeiz
Und es unterscheidet sich in nichts von dem Verlangen nach irgendetwas anderem.
Es ist bloß irgendein anderer egoistischer Traum.
Wenn du diesen los und gehen lässt, dann sind all die Dinge so, wie sie sind.
Und wer wäre da, dir zu sagen,
Dass du keine Launen
Oder keine Gedanken haben solltest?
Wer ist da, dir zu sagen, dass du so oder so sein sollst?

Es ist einzig der Widerstand, der das Leiden erzeugt.
Selbst Kummer,
Unglaublicher Kummer,
Hat eine Süße,
Wenn du ihm keinen Widerstand entgegenstellst;
Er führt dich tief in dein Selbst.
Auch die Enttäuschung darüber,
Eine Menge Geld zu verlieren,
Kann dich tief in dein Selbst führen.
Dich einfach nur entspannend in das, was ist,
Wirst du eine andere Pforte zur Glückseligkeit finden.
Einzig der Widerstand stört den Frieden,
Und aller Widerstand entsteht aus Vorstellungen und Begriffen.

Widerstand ist ein Ergebnis von Vorstellungen und Ideen,
Die wir von dem Begriff »spirituell« haben:
»Es sollte so sein wie dies;
Es sollte so sein wie das ...«

Gib all deine Vorstellungen auf –
Und du sitzt im Schoße der Götter.

25 Was steht dem Finden im Wege?

Als ich Papaji zum ersten Mal traf, stellte ich ihm in meinem ersten Gespräch, das ich mit ihm führte, eine Frage.

Damals war er relativ unbekannt – da waren wohl nur halb so viele Leute bei ihm wie heute Abend hier bei mir. Es war nur eine kleine Gruppe. Papaji saß auf seiner Matte auf einer Bank in einem sparsam möblierten Zimmer, seinem Wohnzimmer. Er sah etwas gelangweilt aus, wie er so in die Ferne starrte. Da saßen vielleicht acht oder zehn Leute aus dem Westen sehr ruhig vor ihm auf dem Boden. Zu jener Zeit machte er sehr lange Teepausen von etwa einer Stunde. Als Neuankömmling wurde ich zu ihm in sein Schlafzimmer gerufen. Ich war ein wirklich ernsthafter Junge, ein wirklich ernsthafter Sucher. So ging ich zu ihm hinein und sagte:

»Mir scheint, dass ich auf der Suche gewesen bin, solange ich mich zurückerinnern kann, die meiste Zeit meines Lebens suchend, suchend, suchend.« Und ich fragte ihn dann: »Was steht dem Aufgeben dieser Suche und dem Finden im Wege?« Er schaute mich mit hochgezogenen Augenbrauen an, so als ob das die lächerlichste Frage wäre, die er in seinem ganzen Leben je gefragt worden wäre. »Was steht dem Finden im Wege? Meine Güte, das Suchen natürlich!«

Das war für mich, als hätte er mir den Teppich unter den Füßen weggezogen. Mein ganzes Universum brach zusammen, weil ich erkannte, dass meine ganzen Bemühungen, all die Fragen, all das Streben, etwas anderes zu werden, all die Praxis, all das Jagen nach anderen Erfahrungen als denen, die wir schon haben – dass all das kontraproduktiv war. Es war alles nur Ehrgeiz. Und es überschattete völlig die unausweichliche Wahrheit dessen, das gerade jetzt ist. Sogar hier und jetzt, in diesem Augenblick. Das, was gesucht wird, ist bereits total gegenwärtig. Unabhängig davon, ob du dich als erleuchtet oder unerleuchtet, als erwacht oder unerwacht oder als was auch immer bezeichnest – *Dies*, das gesucht wird, ist bereits hier. Das Einzige, das nötig ist, besteht darin, wirklich den ehrgeizigen Versuch aufzugeben, etwas anderes zu erreichen. Dann wird *Es* offenbart. So einfach, so einfach ist es. Ob du innerlich völlig ausgeglichen oder absolut neurotisch bist, spielt dabei keine Rolle.

26 Das Individuum ist verdammt

Jene Person, für die du dich gehalten hast,
Sie ist verdammt.
Bis in alle Ewigkeit gibt es keinerlei Möglichkeit,
Dass jene Person, von der du glaubst, dass du sie bist,
Jemals erleuchtet werden könnte.

Warum?
Weil da niemand ist!
Was aber bleibt dann?
Bewusstsein einzig –

Welches schon immer erleuchtet war,
Welches schon immer voll der Liebe war,
Welches schon immer vollkommen war.

Und es gab immer nur
Einen einzigen Zustand des Bewusstseins,
Und das ist: Bewusstsein an sich.

Das bist du.

27 Die Welle ist bereits nass

Der Schleier, der dieses Geheimnis verbirgt,
Ist so dünn geworden,
Dass er jetzt ganz leicht zerrissen werden kann, von jedem.
Es hängt alles davon ab, in welcher Weise du wertest.

Werte Leerheit höher denn Inhalt,
Und du bist frei.
Werte Frieden höher denn Drama,
Und du findest Ruhe.
Werte Nichtwissen höher denn Begriffe,
Und du bist die Weisheit selbst.
Werte Liebe höher denn Beziehungen,
Und du bist in Liebe gebadet.
So einfach.

Wenn du an der Vorstellung festhältst:
»Ich kann das nicht erlangen«,
Dann baust du selbst dir ein unnötiges Hindernis.

Es wäre so, als würde eine Welle im Ozean sagen:
»Oh, ich weiß nicht,
Ich sehe all die anderen Wellen,
Aber ich kann mir einfach nicht vorstellen,
Dass ich nass sein könnte.
Hier draußen gibt es ein paar wirklich große Wellen,

Aber könnte ich,
Dieses kleine Ich,
Mit all meinem dünnen Schaum,
Könnte ich wirklich der *Ozean* sein?«

Tauch tief hinein.
Versinke in deinem *Selbst*!

28
Der Geist ist ein Schwindler

Du kennst die Geschichte von Jesus
Und den vierzig Tagen und vierzig Nächten,
Die mit dem Teufel?
Du weißt, was der Teufel ihm angeboten hat?
»Ich werde dir Macht verleihen.«
Aber Jesus hatte den Mut
Und die Weisheit
Zu sagen: »Nein, danke,
Ich will daheim bei Gott bleiben.«
Das bedeutet nichts anderes als:
»Ich will in der *Gegenwärtigkeit* bleiben.«
Genau dasselbe ist auch dem Buddha widerfahren.

All diese coolen Typen,
Sie sagen immer dasselbe,
Wenn der Teufelsgeist zu ihnen kommt.

Als der Buddha unter dem Bodhibaum saß,
Erschien Māra,
Derselbe Teufel in einer anderen Form.
Māra sagte dasselbe:
«Ich will dir alles geben.«
Und Buddha, dieser coole Typ, sagte:
«Ich weiß, dass du eine Schöpfung meines eigenen Geistes bist.«
So verschwand Māra,
Und da war nichts als Stille.

Sei einfach ein wenig achtsam.
Dieser Geist ist ein Schwindler.
Was er dir auch anbietet,
Es sieht immer verdammt gut aus.
»Nun komm schon, ich geb dir dies,
Ich geb dir das.«
Aber all das ist nichts als totales Marketing.
Sei wachsam!
Bist du nicht schon oft genug hereingelegt worden?
Es ist niemals so, wie es in den Hochglanzbroschüren
angekündigt wird.

Lies das Kleingedruckte sehr aufmerksam,
Bevor du etwas unterschreibst.
Alles, was du brauchst, hast du bereits zu Hause,
Du hast ein so großartiges Zuhause,
Und die wundervollste Geliebte,
Die ein Mensch jemals finden könnte,
Lebt genau hier in deinem Haus.
Jede Form von Unterhaltung,
Alles ist hier,
Direkt bei dir zu Hause.

Lass den Teufelsgeist einfach quasseln.
Niemand behauptet, dass du ihm zuhören musst.

29

Unsichtbares Geheimnis

Solange die Dinge wahrgenommen werden
Durch diese Filter von Denken und Begriff,
So lange existiert das, worauf dies alles hinweist,
Ganz offensichtlich nicht.

Du kannst die Früchte sehen,
Du kannst die Konsequenzen sehen,
Aber du kannst *Es* nicht sehen.

Es kann mehr Frieden bringen,
Aber es ist jenseits des Friedens, es geht über Frieden hinaus.
Es kann mehr Lachen bringen,
Aber es ist jenseits des Lachens, es geht über Lachen hinaus.

Du kannst einfach jegliches Interesse an allem anderen aufgeben,
Und es ist *Dies*, das übrig bleibt.

Doch du musst nichts aufgeben –
Das Auf und Ab des gewöhnlichen Lebens kann weitergehen.
Es wird weitergehen.

Aber wenn das Leben
Aus diesem unsichtbaren Geheimnis heraus gelebt wird,
Dann rutscht alles darum herum auf magische Weise an seinen richtigen Platz.

30 Energie und Bewusstsein

Wie verhält es sich mit dieser Beziehung des subtilen Körpers oder der Energetik des Universums zu diesem Gefühl von »Ich« und der Existenz von Schwingungen? Wie wirkt das auf das Bewusstsein?

Überhaupt nicht;
Nichts wirkt auf das Bewusstsein.
Je nachdem, wie wir wählen,
Bemerken wir einige Dinge oder wir bemerken sie nicht;
Je nachdem, wie wir wählen,
Stellen wir uns einige Dinge vor oder wir stellen sie uns nicht vor.
Natürlich gibt es Energie,
Aber bringe das nicht in Verbindung
Mit Freiheit,
Mit Wachheit,
Mit dem Erwachen zu deiner wahren Natur.
Es hat keine Beziehung dazu,
Es hat nichts damit zu tun.
Du kannst dich sehr für Kundalini
Und all diesen Kram interessieren –
Aber das gibt keinerlei Beziehung.
Wachheit ist das Erkennen *Dessen*,
Das hier ist, das jetzt ist.

Was immer du auch studiert hast,
Ob nun Chi,

Oder Chi-kung,
Oder Cheese –
Es ist alles ein und dasselbe.
Das soll nicht heißen, dass irgendetwas daran schlecht ist.
Wenn du die Art und Weise verstehen willst,
In der sich die Energie im Körper bewegt,
Und wenn du ein langes Leben erlangen willst,
So ist das vollkommen in Ordnung,
Genauso wie der Ölwechsel bei einem Auto.
Aber glaube nur nicht, es hätte
Irgendetwas mit Freiheit zu tun;
Dann nämlich wirst du in die Irre geführt.
Einiges davon ist gut, um den Körper zu heilen;
Aber wenn das, was du willst, Wachheit ist,
Dann ist es am besten, nicht zu sehr abgelenkt zu werden,
Denn du könntest die beiden zu leicht verwechseln.

Wie du wahrscheinlich weißt,
Kann die menschliche Phantasie
Alle Arten von verrückten Dingen erzeugen.
Du kannst durchaus deinen Spaß mit dem Geist haben,
Aber sei vorsichtig!

Dieser geschäftige Geist kann dich
Zu einigen wirklich schlimmen Abenteuern verleiten.
Und dabei sieht es immer so toll aus.
Ob das nun ein Interesse an ätherischen Körpern ist
Oder ob es darum geht, Wagenladungen voll Geld zu verdienen,
Oder ob es eine neue Beziehung ist –
Diese Schiffe sinken immer.
Letztendlich sinken alle Schiffe.

Ruhe als der *Ozean* selbst,
Und du wirst nie wieder sinken.

31
Ruhe hier

Entspanne dich zurück in das, was du wirklich bist.
Du bist die *Herrlichkeit* selbst.

Lass den Widerstand gegen alles los,
Und was zurückbleibt, ist der vollkommene Fluss
Mühelosen *Lebens*.

Was du nicht empfinden willst,
Das bleibt als Spannung zurück;
Es wird zu einem Zehren,
Und es wächst sich aus zu Abhängigkeit und Sucht.

Stelle die Fähigkeit vollkommenen Empfindens wieder her,
Um jegliche Erfahrung zuzulassen,
Ohne davor zurückzuschrecken.
Sucht und Abhängigkeit,
Das Zehren,
Die Spannung –
Sie lösen sich auf.

Ruhe hier und die Dinge sind einfach.

32

Lass dich zuerst fallen

Wenn Geist der Grenzenlosigkeit gegenübersteht,
So denkt er: »Nichts wie raus hier! Verschwinde!
Bleib auf keinen Fall hier!«

Wenn *Herz* der Grenzenlosigkeit gegenübersteht,
So sagt es: »Ah, ein heißes Bad!«
Es gewahrt das ewige Leben.

Der Trick, um den Widerstand aufzugeben,
Siehst du, ist der,
Sich zuerst in das *Herz* fallen zu lassen.

33
Hör auf das Herz

Es hängt davon ab, worauf du hörst.
Wenn du auf Gedanken hörst,
Dann ist da Widerstand.

Wenn du auf das *Herz* hörst,
Findest du *heim*,
Einem Tautropfen gleich, der von einem Blatt gleitet.

34 Jetzt ist es anders

Es ist fast unmöglich, die richtigen Worte für das zu finden, was heute auf diesem Planeten geschieht. Für Jahrtausende war dieses Phänomen des Erwachens, der Freiheit, der Selbstverwirklichung eine Angelegenheit für Asketen und Mönche – also für Menschen, die ein Leben sehr verschieden dem unseren führten. Werft einfach einmal einen Blick in die metaphysische Abteilung eurer örtlichen Buchhandlung: Jeder, auf den wir uns in Sachen Erleuchtung oder Erwachen berufen, hat ein ziemlich ungewöhnliches Leben geführt. Obwohl es ein paar Ausnahmen wie Kabir gab, war dies der Kontext, in dem es meistens zum Erwachen kam.

Es ist fast unmöglich zu erfassen, was heute geschieht. Jetzt ist alles anders. Als ich Papaji 1991 zum ersten Mal traf, dauerte es gewöhnlich lange, bis die Leute zum Erwachen kamen. Sie pflegten zu kommen und ihn zu besuchen, und im Allgemeinen war es nötig, dass er es ihnen irgendwie mit dem Hammer einbläute, damit sie in den Zustand der Wachheit gelangten. Aber die Dinge verändern sich jetzt so schnell, dass das, was vor relativ wenigen Jahren – wie zum Beispiel 1991 – geschah, nicht mehr als Kontext für das, was nun im Jahr 1998 geschieht, dienen kann. Wir merken das nicht, weil es sich um eine schleichende Veränderung handelt. Es ist so, wie wenn man ein Kind hat: Das Kind kommt zur Welt und wächst im Lauf der Monate und der Jahre, unmerklich, Tag für Tag. Dann kommen die Verwandten nach zwei oder drei Jahren und rufen aus: »Oh, mein Gott, wer ist denn das?« Es ist nicht mehr das Baby, das sie vor ein paar Jahren gesehen hatten. Aber weil du jeden Tag mit deinem Kind zusammen bist, bemerkst du das Wachstum nicht, zu dem es gekommen ist. Genauso ist es mit dem kollektiven Bewusstsein: Wir bemerken nicht, was da passiert. Wir versuchen das, was sich jetzt ereignet, mit Hilfe alter Modelle, alter Vorstellungen und alter Parameter zu verstehen, aber sie alle passen nicht mehr.

Es ist wichtig, das zu verstehen, denn alles ist anders jetzt. Die Atmosphäre ist viel dünner geworden, so als ob wir plötzlich auf größerer Höhe leben würden; während sie vor einigen Jahren noch viel dichter war. Ich weiß das, weil ich seit Jahren diese Treffen abhalte, bei denen ich zuerst sah, was die Leute durchmachen mussten, um zum Erwachen zu gelangen und wie instabil dieses Erwachen oft war. Nicht selten wurde das Erwachen von einem Feuerwerk begleitet, weil es so sehr im Widerspruch zum allgemein vorherrschenden Bewusstsein stand. Jetzt, im Jahr 1998, ist alles anders: Die Leute gleiten einfach hinein in dieselbe Verwirklichung, dieselbe Wachheit, dieselbe Seligkeit, dieselbe bedingungslose Liebe, die der Buddha erfahren und gelebt hatte. Und wenn wir dann versuchen, dies mit Hilfe irgendwelcher alten Modelle zu begreifen, bezweifeln wir das, was geschieht. Wir bezweifeln die Gültigkeit dessen, was geschieht, weil es zu leicht erscheint. Wir sagen: »Moment mal! Wo bleibt denn das Feuerwerk? Wo ist diese gewaltige traumatische Erfahrung, über die ich bei Swami Atmanandaji gelesen habe?

Wo sind die großen dramatischen Körperqualen, über die ich in Krishnamurtis Biographie gelesen habe? Wo bleibt die Fanfare der Engel, über die ich irgendwo sonst gelesen habe?« Nein, heute kann es – husch! – gehen, einfach so! Denn die Veränderung ist so klein. Das allgemein vorherrschende Bewusstsein hat einen so weiten Zugang geöffnet, dass der ganze Planet in irgendetwas zu gleiten scheint. Jetzt kann man *Es* überall finden.

Neulich war ich in Austin in Texas. Am Abend fand ein Treffen statt, aber niemand kannte mich dort. Anwesend waren gewöhnliche Menschen, Hausfrauen und Zimmerleute. Vielleicht hatten sie den »Course in Miracles« oder ein »Zwölf-Stufen-Programm« absolviert, aber es gab dort keine feste Satsang-Gemeinde. Trotzdem kannten schon viele Leute das, worüber ich sprach, denn sie hatten es in ihrem gewöhnlichen Leben erfahren. Vielleicht waren sie gerade beim Bergsteigen, und dabei war ihnen etwas Weites und Zeitloses widerfahren; vielleicht hatten sie ihren Hund ausgeführt und der Hund hielt an, um zu pinkeln – und in jenem Moment hielt auch die Zeit an. Es geschieht überall, und es geschieht so leicht und spontan, dass wir nicht einmal merken, was da geschieht. Es ist wichtig zu verstehen, was da geschieht, und es ist wichtig, den Unterschied zu verstehen, denn sonst fangen wir an, alte Paradigmen für etwas zu benutzen, das überhaupt nicht mehr dazu passt. Dies ist neu.

Nach dem alten Muster hatten wir nur eine sehr geringe Chance auf direkte Erfahrung. Selbstverwirklichung war eine Vorstellung, aber es gab nicht einmal einen Zugang, um so recht zu begreifen, was dies bedeutete. Die einzige Möglichkeit, einen empirischen Vorgeschmack davon zu bekommen, war die Reflektion. Damals war es klug, einen Lehrer aufzusuchen, am besten einen mit einem möglichst andersartigen Hintergrund. Ein fremdes Land wäre perfekt. Wenn man dort nicht einmal Englisch sprechen würde – wunderbar! Wenn man in einem Land lebte, wo die meisten Männer glatt rasiert sind, dann sollte man am besten zu dem Mann mit dem längsten Bart gehen, den man nur finden kann. Er sollte auch keine westliche Kleidung tragen, sondern ein langes Gewand. Alles sollte anders aussehen, damit die Projektion richtig funktioniert. Denn weil es damals so schwer war, dies in sich selbst zu finden, musste man es nach außen projizieren, bei einem anderen danach suchen und sagen: »Ah! Da ist die Erleuchtung, dort oben auf dem mit Goldbrokat umhüllten Podium, umgeben von Blumen, Kameras und Lichtern. Es ist da draußen, weil es nicht hier sein kann. Es kann nicht hier sein, weil ich weiß, dass ich ein begrenztes Wesen mit Problemen, Neurosen und Einschränkungen bin; deshalb muss es da oben sein.« Und das war gut so, denn es war besser, es dort zu haben als nirgendwo. Schließlich ist es besser, zumindest das Spiegelbild der Sonne in einer Pfütze zu sehen, als überhaupt keine Sonne zu haben.

Es ist nicht mehr nötig, das weiterhin zu tun. Lasst uns eine Minute lang betrachten, warum es nicht nur unnötig, sondern sogar unklug sein könnte, das jetzt noch zu tun. Wenn du die Quelle von Weisheit, Schönheit und Liebe nach außen auf etwas anderes projizierst, dann muss dieses andere, damit die Projektion richtig funktioniert, so weit wie möglich von dir entfernt sein – nicht persönlich zugänglich. Jenes andere wird dann gesehen, wie es aus dem Wagen auf die Bühne schwebt, einen Vortrag hält und wieder verschwindet. Das ist die ideale Form für eine Projektion, weil dieses Idealbild nicht so leicht erschüttert werden kann. Aber schaut mal, was dann passiert. Man kann diese Projektion eine Zeit lang halten, doch dann findet man allmählich heraus, dass dieses andere auch ein menschliches Wesen ist. Was ich hier sage, ist nicht theoretisch. Dies ist geschehen, nicht wahr? Fast jedes Idealbild, auf das wir projizieren, wird früher oder später enthüllt. Und dann schlagen unsere Schmeichelei und Verehrung um in Groll, in Enttäuschung und in das Gefühl, betrogen worden zu sein. Wir projizieren diese idealisierten Eigenschaften auf irgendein Idealbild, doch allzu bald stellt sich heraus, dass das Idealbild genauso ist wie wir. Das Idealbild hat Begierden. Das Idealbild will Geld. Das Idealbild will mit den Frauen aus dem Westen schlafen. Das Idealbild will all diese Dinge haben, und wir reagieren verbittert. Aber es ist zu spät, wir haben unser ganzes Geld für die gute Sache gespendet. Wir haben unsere Seelen verkauft, und unsere glühende Anbetung schlägt um in tiefe Bitterkeit.

Solange wir in dieser Weise projizieren, solange wir irgendeine Art von idealem und vollkommenem Bild haben wollen, auf das wir projizieren können, so lange auch ist der Kontext unserer eigenen gewöhnlichen Menschlichkeit, unserer eigenen Gedanken, unseres eigenen einfachen Menschseins nicht geeignet als Kontext für das Erwachtsein. Wir sehen, dass das Idealbild nicht gewöhnlich ist, nicht einkaufen geht (die meisten dieser Idealbilder tun das nicht, weil jemand anderes das für sie erledigt), keine Wäsche wäscht, nichts mit Geld zu tun hat und ganz bestimmt nicht die Kinder von der Schule abholt. Dann denken wir »Ich habe all diese gewöhnlichen Dinge zu machen, deshalb kann ich nicht *Dies* sein«, denn es passt nicht zu dem Muster.

Aber jetzt haben wir das Jahr 1998 und müssen unsere Muster ändern. Deshalb ist es so wichtig zu verstehen, dass die Dinge sich verändern und die Muster von vor zehn Jahren überhaupt nicht mehr passen. Wenn du versuchst, ein altes Muster zu benutzen (und da schweben immer noch Lehrer herum, die nach dem alten Paradigma leben), wird das zum Aufschieben des Erwachens führen. Doch das geschieht heute: Die Verwirklichung ist da, aber der Kontext, den man für die Verwirklichung erwartet, hat sich geändert, und wir waren ja schließlich an diese alten Muster gewöhnt. Da wir an jemand gewöhnt waren, der kein normales westliches Leben führte, weisen wir unser eigenes Erwachtsein zurück, weil es nicht so aussieht, wie es nach unseren Vermutungen aussehen sollte. Deshalb ist es wichtig, das Ganze neu zu bewerten – die Möglichkeit des Erwachens zu sehen, während man Geschirr spült, die Möglichkeit des Erwachens zu sehen inmitten der Gewöhnlichkeit menschlicher Beziehungen, die Möglichkeit des Erwachens zu sehen inmitten gewöhnlicher Gedanken.

Wenn du einen Beruf hast und mit Geld und Terminen und Angestellten zu tun hast, wirst du die mentalen Symptome erfahren, die damit einhergehen. Wenn der Termin näher rückt, wenn die Sachen nicht fertig sind, wirst du irgendeine Art von Stress erfahren, ob du nun erwacht bist oder nicht. Das ist natürlich. Könnten wir das akzeptieren? Könnten wir akzeptieren, dass diese Dinge einen Teil des menschlichen Lebens bilden, ob es nun verwirklicht ist oder nicht?

Wenn wir das akzeptieren können, wenn wir diesen Zwang aufgeben, zu projizieren und zu idealisieren und etwas Übermenschliches auf einem Podium zu schaffen, können wir planetarisches Erwachen erleben – aber nur, wenn wir das Projizieren aufgeben. Millionen von Menschen können erwachen, aber nur wenn wir bereit sind, diese kindischen Träume von einem Supermann oder einer Superfrau aufzugeben. Ist euch das klar? Solange wir fortfahren, *Dies* zu projizieren, bewahren wir zwangsläufig die Identität eines Suchers, der immer noch Fragen stellt und sucht – weil wir selbst dem Muster der »Erwachten« ja niemals entsprechen werden. Es kann nur wenige Leute geben, die keine Wäsche waschen, nicht arbeiten, nicht einkaufen und nicht die Kinder abholen müssen. Es kann nur wenige Leute von dieser Art geben, die anderen müssen ihren Beitrag leisten und Hand anlegen. Irgendjemand muss sich um das normale Leben kümmern. Im Namen dessen, was nun durchbrechen möchte, ist es wichtig zu erkennen, dass die Art und Weise, wie wir das Erwachtsein betrachtet haben, ein Hirngespinst ist, und zu erkennen, dass dieses jetzt fallen zu lassen ist. Was würde geschehen, wenn wir es wirklich fallen ließen? Was würde geschehen, wenn wir uns einfach als Freunde begegnen und erkennen könnten, dass der Eine, der diese Begegnung möglich macht, genauso ist wie du, nicht verschieden von dir, und dass er einfach nur zufällig eine andere Rolle spielt? Du bist gut im Gärtnern oder im Häuserbauen oder im Dozieren an der Universität, und jemand anderes ist gut in der Leitung einer Art von spiritueller Unterhaltungsshow – einfach eine andere Rolle. Der Wert der Tätigkeit ist nicht verschieden. Das Bewusstsein ist nicht verschieden. Die Tatsache, *Dies* zu sein, ist nicht verschieden. Wie wäre es, wenn wir uns begegnen und jegliche Hierarchie, alles Höhere und Niedere, aufgeben könnten, um es ganz einfach loszulassen? Wie wäre es, wenn wir unser eigenes Leben *hier und jetzt* als den perfekten Grund für das Aufblühen des Erwachens erkennen würden?

Der Unterschied liegt einfach im Suchen. Es gibt einen Unterschied zwischen dem, was »die Schule verlassen«, und dem, was »den Schulabschluss machen« genannt werden könnte. Sie sehen ein bisschen ähnlich aus. Wenn du die Schule verlässt, bedeutet das, dass du nicht mehr zur Schule gehst. Wenn du den Abschluss machst, gehst du zwar ebenfalls nicht mehr zur Schule; aber es ist ein völlig anderes Gefühl, ob man die Schule verlässt oder ob man seinen Abschluss macht. Denn das Verlassen der Schule ist etwas Unvollständiges, und es schmeckt irgendwie nach Aufgeben. Du verlässt die Schule, und dann bleibt da das Gefühl zurück, sie nie ganz beendet zu haben. Abschluss dagegen bedeutet, dass es erledigt ist. Abschluss bedeutet: »Ich bin fertig.« Das ist ein ganz anderes Gefühl, nicht wahr?

Die Suche aufzugeben bedeutet nicht, die Schule zu verlassen, unvollständig zu sein. Es bedeutet nicht: »Nun ja, ich gebe es auf, denn ich habe es nie geschafft.« Das bedeutet »die Schule verlassen«. Schulabschluss bedeutet dagegen: »Nun sehe ich, dass ich das, was ich suche, schon habe.« Das Suchen hat lediglich dazu geführt, dass das Entspannen aufgeschoben wurde. Es bedeutet aber nicht, dass wir nie mehr zum Satsang gehen. Es bedeutet nicht, dass wir unsere Hingabe an die *Wahrheit* aufgeben. Es bedeutet, dass wir einfach so zum Satsang kommen – nicht suchend, nicht fragend, sondern überströmend von Liebe. Das ist die wahre Bedeutung von Satsang – zu kommen, nicht als ein Sucher, sondern zu kommen und gemeinsam das Finden zu feiern. Und es bedeutet, bereit zu sein, dies zu sagen: »Ich habe den Abschluss gemacht, ich bin durch. Und ich bin ein ganz normaler Mensch.« Dazu braucht es Mut. Ein gewöhnliches

Leben zu führen, die Bereitschaft, ein gewöhnliches Leben anzunehmen und in dem Wissen zu ruhen: »Ich bin fertig, ganz und gar weich gekocht. Ich habe den Abschluss gemacht und es für immer aufgegeben, Gott zu suchen.« Dies ist es wert, dass man sich niederwirft. Genau hier in diesem Raum sind viele, die den Mut gehabt haben, gewöhnlich zu bleiben und dennoch unsere allgemein verbreitete infantile Tendenz und den Wunsch aufzugeben, *Dies* auf irgendetwas zu projizieren. Schaut euch um, dies ist der Platz, an dem wir uns niederwerfen sollten. Jetzt reifen wir als menschliche Wesen, und wir sehen, dass Projizieren nicht mehr nötig ist.

Lasst uns die Konsequenzen des alten Paradigmas etwas tiefer betrachten, denn wenn wir nach außen projizieren und sagen »Nun ja, Erwachen scheint so zu sein wie diese idealisierte Lebensweise«, fällen wir damit implizit und unvermeidlich ein Urteil über Gewöhnlichkeit. Damit verwerfen wir implizit und unvermeidlich das gewöhnliche Leben. Wir weisen unsere eigene Gewöhnlichkeit zurück, und dann weisen wir auch die Gewöhnlichkeit zurück, wenn wir sie um uns herum bemerken – eben weil ihr dieser Glanz fehlt. Wir kennen das alle aus unserer Erfahrung mit romantischer Liebe. Als Teenager hast du wahrscheinlich, mit diversen romantischen Vorstellungen versehen, die Erfahrung gemacht, »der Liebe zu verfallen« – und »fallen« ist hier der treffende Ausdruck. Als Teenager findest du auch irgendeinen Rockstar im Fernsehen oder irgendjemanden in der Oberschule – und »ahh!« beginnst du zu idealisieren. Dies nennen wir Liebe, aber es ist eine sehr seichte Art von Liebe, denn der Rockstar braucht sich nur zu schnäuzen, und schon sind wir enttäuscht. Der Schatz in der Schule braucht nur reizbar zu werden, und gleich sind wir enttäuscht, denn wir sind ja in ein Ideal verliebt. Und genau dasselbe haben wir mit spirituellen Lehrern gemacht, wir waren einfach in ein romantisches Ideal verliebt.

Wenn wir die Projektion fallen lassen, wenn wir die Erwartung loslassen, dass der Eine, der da spricht, perfekt ist, was bleibt dann? Wir öffnen uns für die Möglichkeit wirklicher Liebe, die das gewöhnliche menschliche Leben, den gewöhnlichen menschlichen Stress, gewöhnliche menschliche Verhältnisse annehmen und doch noch Liebe sein kann. Dies ist spirituelle Reife. Dies ist der Punkt, wo die Essenz real wird. Wir fangen an mit der Frage: »Wer bin ich?« Das ist wie der

»Anfängerkurs Spirituelles Erwachen«. Dies ist der Punkt, an dem Ramana Maharshis Lehre beginnt. Wir entdecken nämlich, dass absolut nichts da ist, wenn wir unsere Aufmerksamkeit wirklich auf diese Frage richten. Aber das ist nur der Anfang der Entdeckung. Aus diesem Nichts heraus können wir in die Augen der Inkarnation schauen und dasselbe Nichts sehen und in diesem ehrfürchtigen Moment außerhalb der Zeit erkennen, dass da dasselbe Nichts ist, das sich selbst anschaut. Das ist wahre Liebe. Das ist die Liebe, die alles umfassen kann, die unter allen Umständen beständig bleiben kann. Sie ist völlig verschieden von der Liebe, die projizieren und idealisieren muss und die von menschlichen Schwächen enttäuscht wird.

Ich weiß nicht, ob ihr Byron Katie kennt. Wisst ihr, wer sie ist? Sie ist eine Lehrerin. Vor ihrem Erwachen verfiel sie sieben Jahre lang in einen Zustand, den man als Verrücktheit bezeichnen könnte. Sie war nicht in der Lage, auch nur das Geringste zu tun. Sie litt unter tiefen Depressionen und war unfähig, in der Welt zurechtzukommen. Während jener Jahre wurde sie von ihrem Mann unterstützt, der sie nie aufgab. Er blieb immer an ihrer Seite, obwohl sie im Grunde schwer gestört war. Lasst mich etwas über diesen Mann, Paul, vorlesen:

»Paul wollte sie sofort nach Hause nehmen. Sie war krank. Während der sieben Jahre, die ihrem Erwachen vorausgingen, war Katie immer tiefer in einen depressiven Zustand versunken, und Paul hatte ihre Pflege übernommen. Er tat, was er konnte, um sie, die Familie, ihr Geschäft durchzubringen. Er liebte alles. Paul erzählte mir: ›Wenn du jemand liebst, dann liebst du ihn, und das ist alles! Es kommt nicht darauf an, ob die geliebte Person dick oder dünn, normal oder verrückt, krank oder gesund ist; du liebst sie einfach – das geht über all diese Dinge hinaus.‹ Er trug eine Last, welche die Kräfte eines Menschen überstieg. Aber es war nicht seine Liebe, die so schwer war. Liebe hielt ihn am Leben. Liebe hielt sie alle am Leben. Liebe ist ein freies Geschenk, und sie befreit sowohl denjenigen, der sie gibt, als auch denjenigen, der sie empfängt. Die Last, die Paul trug, war die Verpflichtung, die er auf sich nahm, um sie alle zu retten und Katie am Leben zu halten.«

Ich wollte euch das vorlesen, weil das wirklich die Art von Liebe ist, um die es auch beim Satsang geht. Es mag mit dem Erwachen beginnen, es mag mit der Frage »Wer bin ich?« beginnen, denn solange *Dies* nicht erwacht ist, kann diese Liebe nicht einmal anfangen zu wachsen. Aber »Wer bin ich?« ist nur der Beginn; Nichtheit ist nur der Beginn. Bleibt nicht dabei stehen! Aus der Nichtheit erwächst Liebe. In dieser Liebe sind wir alle Anfänger, für immer. Allein in dieser Liebe haben die menschliche Form und die menschliche Inkarnation ihre Berechtigung. Alle Schwierigkeiten, die wir durchgemacht haben, alle Kämpfe werden durch diese Art der Liebe gerechtfertigt, die nur auf dem Boden des Erwachtseins blühen kann.

Dies ist ein Treffen im Namen der Liebe. Der Bann der Trennung muss zuerst zerbrochen werden, bevor Liebe beginnen kann, in Erscheinung zu treten. Den Bann der Trennung in und von sich selbst zu zerbrechen ist keine große Sache. Das Hauptinteresse gilt da noch »meiner Freiheit«, »meiner Erleuchtung«, »meiner« spirituellen Verfassung – und das ist noch sehr selbstbezogen. Sobald du das hin zu jenem Mysterium von »Wer ist das, den ich da anschaue? Was ist dieses Geschöpf vor mir?« durchbrechen kannst, beginnt die Liebe. Liebe hat kein Ende, und in dieser Liebe erhält alles seinen Sinn. In dieser Liebe gibt es wahre Erfüllung. Im Namen dieser Liebe, im Namen dieses Zusammentreffens, schaut und seht, was da noch zurückbleibt, diese Einsicht zu verdunkeln. Sobald man die Gewohnheit aufgegeben hat, Vollkommenheit zu idealisieren, kann sich wahre Vollkommenheit zeigen.

Habt ihr das Buch *In Liebe umarmen* von Ondrea und Stephen Levine* gelesen? Wenn ihr es nicht gelesen habt, möchte ich es euch empfehlen, denn man muss es unbedingt gelesen haben, um menschlich zu sein. Es ist wie die Bibel der Liebe. Es ist von einem so unglaublichen Standpunkt der Demut, der Gnade und des Mitgefühls geschrieben. Es ist wirklich ein Buch darüber, wie Ehe und Beziehung zu einem Kontext für wirkliche Liebe werden können – nicht bedürftige Liebe, sondern wahrhafte Liebe. In diesem Buch steht ein Satz, der in mein Herz wie mit einem Meißel in Stein eingeschnitten ist: »Wirkliche Liebe schaut den Geliebten an und sagt: ›Diese Person mag nicht perfekt sein, aber sie ist perfekt für mich.‹« Dies ist die

---

* Levine, Ondrea und Stephen: In Liebe umarmen, Kamphausen 1998

Frucht des Erwachtseins. Wenn die Frage »Wer bin ich?« einmal gestellt ist und »nichts« als Antwort kommt, dann führt das zu einem Reifen, und das ganze Interesse am Erwachtsein verschwindet. Es wird verdeckt von einer Liebe, die sagt: »Dies, das da vor mir ist, mag nach irgendeinem idealisierten Maßstab nicht perfekt sein, aber es ist perfekt für mich.« In dieser Sichtweise findet der ganze Zweck der Schöpfung seine Rechtfertigung.

Jede Form von Projektion, sei sie nun positiv oder negativ, muss im Namen der Liebe aufgegeben werden. Liebe sagt: »Du bist schön, genauso wie ich; du bist unsicher, genauso wie ich; du bist wütend, genauso wie ich.« Liebe sieht dich in deiner Stärke und in deiner Schwäche und sagt: »Du bist genauso wie ich.« Projektion sagt: »Du bist weise, anders als ich; du bist liebevoll und mitfühlend, anders als ich.« Und dann wendet sie sich an jemand anderen und sagt: »Du bist gemein, anders als ich; du bist verantwortungslos, anders als ich.« Es ist so einfach, wenn du das erkennst. Du kannst das Urteilen mit einer kleinen Phrase auflösen: »genauso wie ich.« Füge das einfach zu allem hinzu, das du über andere sagst – »genauso wie ich« – und die Projektion löst sich auf.

Die Frage zu stellen »Wer bin ich?« und zu erkennen, dass da nichts, »kein Ding«, ist, ist einfach. Eine Frage zu stellen und keine Antwort darauf zu finden, ist ziemlich einfach. Und das führt zumindest momentan zu einem Erwachen. Die Gewohnheiten auflösen, welche die Trennung erzeugen, ist ebenfalls einfach, aber ungewohnt und braucht deshalb etwas Geduld. Die Frage »Wer bin ich?« und die Erkenntnis »Hoppla! Da ist kein Ding da. Juhu, ich bin erleuchtet!« ist nichts weiter als der »Anfängerkurs Spirituelles Erwachen«! Was dann folgt ist die Reife, der Mut und die Ehrlichkeit, dem Berg jener Gewohnheiten, welche die Dualität gestützt haben, ins Auge zu sehen und jede einzelne aufzulösen. Es gibt viele Leute – nicht alle, aber viele –, die sich im Namen des Advaita oder der Nicht-Dualität mit dem einfacheren Teil begnügen »Wer bin ich? Keiner da! Juchhe, ich bin erwacht!« und nie den Rest erledigen wollen, nämlich das Auflösen. Sie finden sich nie bereit, beharrlich zu sein und sich all den alten Gewohnheiten zu stellen, um sie aufzulösen, oder sich all der Lieblosigkeit, die im Laufe der Jahre angehäuft wurde, zu stellen. Was ich hier sage, ist nicht philosophisch gemeint, sondern völlig pragmatisch.

Dies spricht für eine Art von Spaltung zwischen dem, was gesagt wird, und dem, was gelebt wird. Und es zeigt auch Folgendes: Wenn das Erwachen zur eigenen Natur geschieht, dann sollte es auch die Bereitschaft geben, beharrlich zu sein und den alten Dämonen, welche die Dualität schufen, ins Auge zu sehen. Manche behaupten, dass all diese in dieser anfänglichen Einsicht ausgelöscht werden. Da kann ich nur sagen: »Viel Glück!« Ich bin einfach pragmatisch. Die Frage zu stellen und diese Einsicht zu gewinnen, die man Erwachen nennt, ist sehr einfach, und sie wird heutzutage ein bisschen überbewertet. Die Leute haben einen kurzen Einblick und denken dann: »Ich bin erwacht. Jetzt ist alles vorbei.« Das stimmt nicht. Denn nun kommt die Herausforderung, *Dies* zu verkörpern, und das kann den ganzen Rest des Lebens dauern. Nun muss die völlige Hingabe an Dies kommen, die absolute Niederwerfung vor der Wahrheit, die erkannt worden ist.

35 Wo willst du hin?

Alles, was deinem Herzen verabscheuungswürdig erscheint,
Geschieht im Namen der Trennung.
Die Herrlichkeit deiner wahren Natur zu übersehen,
Bedeutet, herumzuwandern in unnötigem Leiden,
Von endloser Begierde getrieben.

Es gab alle Arten
Von mythologischen Beschreibungen der Hölle –
Tosende Feuer,
Köstliches Essen, knapp außerhalb der Reichweite –
Es steht alles bei Dante.

Ich sage euch, ihr braucht gar nicht weit zu suchen,
Um die Hölle zu finden.
Getrieben zu werden von Begierde nach dem, was nicht ist,
Und das zu übersehen, was ist –
Das ist die *Hölle*.
Bei jemandem, der gar nicht da ist, sein zu wollen,
Und denjenigen zu übersehen, bei dem man ist –
Das ist die Hölle.

Das *Mysterium deines Selbst* zu übersehen,
Bedeutet, in unnötigem Leiden zu leben.
Sich in das Große Mysterium zu entspannen,
Inmitten des gewöhnlichen Lebens,
Ist sofort, ist augenblicklich der *Himmel.*
Du brauchst nicht zu sterben und irgendwohin zu gehen –
Vollkommenheit ist genau hier.

36

Im Feuer

Dies ist ein Zeitalter der vollkommenen Verkörperung des Erwachens;
das alltägliche Leben ist durchstrahlt vom *Selbst*.

Beziehung wird zu einem Werkzeug des zum Selbst führenden
Selbst;
Gewöhnliches Menschenleben wird zu einem Spiegelbild der *Einheit*.

Dies ist mutiges *Dharma*:
Sich zur Wachheit bekennen
Und im Feuer der Verkörperung bleiben.

37 Geh aus und tanze

Beim Satsang fühle ich mich frei und leer, aber in meinem Alltag identifiziere ich mich wieder ganz schnell mit irgendetwas.

Wenn du ins Kino gehst,
Dann bezahlst du zuerst für deine Karte.
Du gibst etwas Energie,
Um die Erfahrung einer Geschichte zu machen.
Du setzt dich in einen dunklen Raum,
Weil du ein zeitweiliges Erleben
Einer Identifizierung mit einer Geschichte
Bezahlt und ausgewählt hast.
Gewaltige Energie
Ist dafür aufgewendet worden, um dies
Zu deiner Unterhaltung zu schaffen.

Wenn du im Kino sitzt,
Besessen von der Idee:
«Dies ist bloß ein Film,
Ich bin hier in einem Kino;
Dies sind nur flimmernde Bilder
Auf einer weißen Leinwand;
Ich werde mich nicht damit identifizieren.« –
Dann wirst du keinerlei Spaß dabei haben!
Du kannst auf theoretische Weise frei bleiben,
Aber was soll das?

Was macht es dann für einen Sinn, ins Kino zu gehen,
Nur damit du dort frei bleiben kannst?
Du solltest ein wenig tanzen,
Eben deswegen, weil du dort bist.

Du bist leer gewesen,
Frei, ungeboren, unsterblich,
Ewig grenzenloses Bewusstsein.
Bevor jemals etwas geschah,
Warst du *Das*.
Wenn alles gesagt und getan ist,
Wenn der ganze Zirkus zusammengefaltet und weggepackt ist,
Wirst du immer noch Das sein.
Aber in *Diesem* wurde eine Entscheidung getroffen
Vom Bewusstsein selbst
(Das du bist),
Vielfalt zu erschaffen,
Schöpfung zu haben.

Die Leute werden verwirrt und durcheinander.
Sie beginnen, indische Philosophie zu zitieren,
Die weder richtig verdaut noch verstanden ist;
Und sie sagen, dass der ganze Zweck dieser Schöpfung
Darin besteht, diese Leerheit zu haben.
Das ist doch lächerlich!
Da war für immer Leerheit,
Vor der Schöpfung.
Warum brauchst du Schöpfung, um Leerheit zu haben?
Da ist eine Entscheidung getroffen worden
Vom Bewusstsein,
Zu inkarnieren
Und die Erfahrung der Vielfalt zu machen.
Genieße sie!
Warum kämpfen dagegen?
Durch deine Frage drückt sich auch aus,
Dass du diesen leeren, freien, fließenden Zustand
Über das Sich-identifizieren stellst.

Doch du bist hier, um beteiligt zu werden
Und um dir deine Füße schmutzig zu machen.

Du musst gar nichts tun.
Es wird schon für alles gesorgt –
Entspanne dich einfach.
Du bist schon offen und leer;
Du warst es immer.
Ein Impuls des Göttlichen Willens ist aufgestiegen
Heraus aus deinem eigenen Selbst,
Um auszugehen und zu tanzen,
Um Formlosigkeit in der Form zu sein.
Deshalb bist du hier.
Und nun tanze – mit Leidenschaft!

38 Loslassen

Den Einen, der diese Worte spricht,
Findest du in deinem Herzen
Als dein *Herz*.
Dies ist die Lehre: Lass alle Lehren los.

Lass alles los, was gehört worden ist,
Lass alles los, was gesehen worden ist –
Und schaue, was übrig bleibt.

Was bleibt, ist der *Ozean*,
Der weder erwacht noch unerwacht ist,
Denn er ist jenseits jeglicher Dualität.

Du bist immer *Das* gewesen,
Lange bevor der Körper Form angenommen hat.
Wer du bist, wird immer *Das* sein,
Lange nachdem der Körper aufgehört hat, zu existieren.

In der Lehre geht es nicht darum,
Erwacht oder erleuchtet zu werden.
In der Lehre geht es darum, genau diesen Unsinn aufzugeben.
Ergib dich.

Erfülle nicht die Suche,
Sondern höre auf mit der Suche.
Gib auf das Suchen nach *Dem*,
Das nie verloren war.

39

Wir begegnen uns als Anfänger

Das Sehnen muss respektiert werden, man muss sich ihm ergeben. Du kannst darüber nichts aussagen. Du weißt nicht einmal, wonach du dich sehnst oder wer es ist, der sich sehnt. Da ist nur ein Sehnen.

Dieses Sehnen versucht, Objekte zu finden – den Guru, Krishna, den Geliebten – etwas, in das es sich ergießen kann. Und letztlich werden – in dem Sehnen nach Liebe – all jene Objekte hinweggewaschen, um tiefer und tiefer in sich selbst zu entspannen.

Es beginnt mit Leerheit. Das ist die Quelle.
Es endet in Liebe. Das ist das Aufblühen.

Kümmere dich nicht um das, was irgendjemand zu dir sagt. Wenn du das Sehnen deines Herzens spürst, dann lass eben dieses Sehnen selbst dein Lehrer sein.

Folge ihm. Ergib dich ihm. Lass es alles übernehmen. Darin begegnen wir uns als Anfänger. Werde wie ein Kind. Du kannst nichts anderes sein als ein Anfänger im Reich der Liebe.

Der Liebe stehst du immer allein gegenüber. In endloser Demut lässt sie dich auf die Knie sinken.

Wo ist das Ende der Liebe? An welchem Punkt kannst du sagen: »Ah, jetzt habe ich zu einhundert Prozent Liebe.« Du hast immer das Gefühl, als wärest du erst am Anfang; da gibt es immer unendlich mehr zu erforschen.

Mach dich auf die Reise bis zu jenem Punkt, den du für die äußerste Grenze gehalten hast. Finde heraus, dass du immer gerade erst am Anfang stehst.

40
Keine Vorlieben

Wenn du mit anderen Menschen zusammen bist, machst du dann die Erfahrung, in einem gewissen Sinn allein zu sein, oder erfährst du sie als die anderen? Oder alterniert es zwischen diesen beiden?

Alles von dem eben Gesagten und noch viel mehr, ganz genauso wie bei dir. Hier und jetzt, in diesem Augenblick – wem begegnest du da? Was sagt dir dein Herz?

Ich begegne mir selbst.

Du hast die Einsicht: »Ich begegne meinem *Selbst*«, und gleichzeitig ist da die Erkenntnis: »Diese Form, der ich hier begegne, sieht anders aus als ich und hört sich auch anders an.« Da ist gleichzeitig die Erkenntnis von Verschiedenheit und Gleichheit. Für das lineare Denken erscheint das widersprüchlich. Doch so ist nun mal das Spiel.

In gewissen Dimensionen sehe ich mein Selbst. Jedoch ist es nicht immer wörtlich so, denn sonst ginge der ganze Spaß an der Vielfalt verloren. Wenn du zu dir sagst »Ich möchte mehr von dieser Erfahrung haben, mein Selbst immer und überall zu sehen«, was wird damit implizit als deine Wirklichkeit geschaffen?

Dass ich das nicht habe.

Etwas zu wollen, erzeugt dessen Mangel. Könntest du einfach entspannen in die Unausweichlichkeit der Tatsache, dass beides absolut wahr ist? Es ist überall dein Selbst, und doch gibt es die Vielfalt. Da ist eine Möglichkeit, sowohl in diesen Augenblicken von tiefer Gleichheit wie auch in diesen Augenblicken der Wahrnehmung großer Unterschiede zu ruhen. Dies ist *Freiheit.*

Das, was du so eingehend beschrieben hast, ist eine spirituelle Erfahrung. Wenn du von einem Ende dieser Polarität eher angezogen wirst als von dem anderen, so bist du verfangen in Begierde. Nicht der Mangel an solchen spirituellen Erfahrungen ist es, der dich von der Freiheit fern hält, es ist diese Begierde. Spirituelle Erfahrungen kommen und gehen; aber zu sehen, dass Gleichheit und Vielfalt beide in etwas Größerem als sie selbst enthalten sind, das nennt man Freiheit. Das nennt man Wahrheit.

Da ist immer der Ozean mit den sich darin bewegenden Wellen. Wenn du versuchst, diese Wellen der Vielfalt von dir fern zu halten, so bist du verfangen in Begierde. Wenn du die ganze Vielfalt willkommen heißt, so entspannst du in einer Freiheit, die keinerlei Vorlieben kennt.

Dies ist die Weisheit deines eigenen Herzens.

41 Sich ergeben

Ich heiße Ann. Ich habe ein kleines Geschäft, und viele Menschen hängen von mir ab. Ich spüre den Drang, mich zu ändern, und ich weiß nicht, wie ich mich ändern kann.

Ein eigenes Geschäft zu haben bringt harte und gute Zeiten mit sich. Du bist unabhängig. Für eine große Firma zu arbeiten kann eine andere Art von Belastung sein.

Was für ein Geschäft hast du?

Einen Roll-in-shop, eine Autowäsche und einen Schnell-Abschmierdienst.

Nun, das hört sich nach einem kompletten Service an: »Bei einem einzigen Halt wird für alles gesorgt.« Darf ich dich etwas fragen: Wenn Ann von Mitgefühl getragen ist, gibt sie ihr Bestes, nicht wahr? Sie schmiert und sie wäscht Autos. Sie bemüht sich, keinen zu betrügen und einen guten Service zu geben.

Ja.

Wenn du auf diese Weise von Mitgefühl getragen bist, wer umarmt dich dann? Wer hält Ann fest, wenn sie so umarmt wird? Was wird da gefunden?

Ich weiß nicht.

Und doch wird Ann umarmt, nicht wahr? Sie wird gehalten von »Ich weiß nicht.« Werden die Angestellten ebenfalls von »Ich weiß nicht« gehalten? Könntest du dieses Geschäft an »Ich weiß nicht« übergeben? Könnte das Geschäft an *Das* überschrieben werden, an dieses *Eine*, das Ann und die Angestellten hält?

Ja.

Diese Geschäftsübertragung kannst du natürlich nicht ohne Notar machen, denn du weißt ja nicht, an wen du es überträgst. So oder so, wenn du die Eigentumsrechte eines Geschäfts überträgst, ist irgendeine Form von schriftlichem Dokument nötig, irgendeine Art von Symbol.

Könntest du morgen in die Stadt gehen und irgendein Symbol, ein Bild, irgendetwas Schönes finden, das du auf deinen Schreibtisch stellen könntest, um die Übertragung der Eigentümerrechte von Ann an das Eine, das alle Wesen umarmt, zu symbolisieren? Könntest du das tun? Du würdest nicht genau wissen, was es repräsentiert. Du würdest einfach das Symbol da stehen haben, und jedes Mal, wenn du dich gestresst fühlst, wirst du auf dieses Symbol schauen und denken: »Oh, warum mache ich mir Sorgen? Ich habe dieses Geschäft an einen anderen übergeben.« Könntest du das tun, Ann?

Das Loslassen von Gewohnheiten und von Kontrolle im Namen dieser Geschäftsübergabe braucht vielleicht etwas Zeit. Also sei geduldig. Wenn Angst in dir aufsteigt, schau auf das Symbol auf deinem Schreibtisch und erinnere dich: »Ich bin eine zuverlässige Angestellte. Ich lasse nicht nach. Ich komme zur Arbeit, aber ich habe die Kontrolle abgegeben.«

Die Kontrolle abzugeben bedeutet nicht, verantwortungslos zu sein. Du wirst eine zuverlässige Geschäftsführerin sein. Vielleicht wirst du hart für »Ich weiß nicht« arbeiten. Aber alles ist an »Ich weiß nicht« übergeben worden, an das Eine, das für Ann sorgt. Letztlich ist »Ich weiß nicht« *das, was du bist*, aber in Augenblicken der Identifizierung wird »Ich weiß nicht« wie eine gütige Mutter erscheinen. Auch das ist in Ordnung, weil es funktioniert. Dies ist eben Business Management für das 21. Jahrhundert.

Wir haben die Befürchtung, dass nichts mehr laufen und überall Chaos herrschen wird, wenn wir uns ergeben. Aber das völlige

Gegenteil wird sich zeigen. Wenn du etwas übergibst, erklärst du damit: »Ich bin hier nicht mehr zuständig. Ich nehme meine Hände vom Steuer. Nun ist es deine Sache.« Auch du, Ann, kannst das mit deinem Geschäft tun. Du wirst arbeiten wie zuvor, aber deine Anweisungen wirst du jetzt vom Boss empfangen. Die Anweisungen werden so klar sein, dass sie einfach sofort in Impuls und Aktion übergehen, ohne dass das Denken eingeschaltet wird. Die Anweisung kommt und – wumm! – geschieht es einfach, durch dich. Das ist Ergebung.

Wir sind alle Anfänger, Ann. Du schmierst und wäschst Autos. Dies ist die Rolle, die das *Selbst*, die *Wahrheit*, Ann gegeben hat. Ich sitze in solchen Räumen und rede. Es ist nur eine andere Rolle. Wir sind alle Anfänger, wir menschlichen Formen. Wir sind alle nur dabei, mit der Verkörperung der Wahrheit zu experimentieren.

42
Der Spiegel

Hier geht es nicht um einen Lehrer
Oder darum, etwas von einem Lehrer zu bekommen.

Der Lehrer weist dich nur zurück zu dir selbst,
Bis du erkennst, wer du bist.

Dann ist der Lehrer überall.

Es ist alles ein Spiegel deines wahren Selbst.
Nur wenn du in deinem wahren Selbst ruhst,
Wird die Lehre erfüllt.

Auf eine seltsame Weise,
Denn der einzige Weg, einem Lehrer gerecht zu werden,
Besteht darin, von ihm fortzugehen.

Denn wenn du dich an den Lehrer klammerst,
Dann hörst du die Lehre nicht.

Der Lehrer fordert dich auf, in dich selbst zu schauen,
Dein eigenes Licht zu werden.

Dann verschmelzen Lehrer und Schüler und werden Freunde.

43
Zweifel ist ein Gedanke

Ich habe mich gefragt, ob du etwas über den Zweifel sagen könntest. Nach meiner Erfahrung ist es beim Satsang wirklich leicht, aber wenn ich manchmal allein bin oder mich in anderen Situationen befinde, dann ist da der Zweifel, der im Angesicht dieses unglaublichen Glücks aufkommt. Er sagt: »Du musst total bescheuert sein.«

Was ist das: »Du musst total bescheuert sein«? Was ist das?

Es ist ein Gedanke.

Ja, es ist ein Gedanke. Was sagt der Zweifel sonst noch?

Das ist dumm.

Was ist das?

Vier Wörter mehr: Das ist wirklich dumm.

»Das ist wirklich dumm.« Was ist das?

Ein anderer Gedanke.

Probier's mal damit: »Du bist ein großes erleuchtetes Wesen.« Was ist das?

Ein anderer Gedanke.

Nun bewegen wir uns nicht mehr in der Kategorie des Zweifels; wir sind in der Kategorie des »Ich hab's«. »Du musst total bescheuert sein.« »Du bist ein großes erleuchtetes Wesen.« Was für ein Unterschied besteht da? Zwei Gedanken. Dann hatten wir noch: »Das ist dumm.« Und wir könnten es auch versuchen mit: »Das ist sehr tief.« Nur zwei Gedanken mehr, siehst du.

Wenn ein Gedanke kommt, der sagt »Das ist sehr dumm«, oder wenn ein Gedanke kommt, der sagt »Das ist wirklich tief, das ist großartiges nicht-duales Advaita«, gibt es dann da eine Wahl, einen Gedanken zu haben, bevor der eigentliche Gedanke aufsteigt? Gibt es da eine Entscheidung, einen Gedanken zu haben, bevor der eigentliche Gedanke aufsteigt? Oder gibt es da eine Bemühung, einen Gedanken zu haben, bevor der eigentliche Gedanke aufsteigt?

Nein.

Es bedarf also keines Vorsatzes. Woher dann kam der Gedanke? Plötzlich ist da ein Gedanke – husch! – und schon ist da ein anderer. Sie entstehen ganz von selbst. Sie erzeugen sich selbst.

Kann man außerhalb des Gedankens irgendetwas finden, das man als einen »Denker«, der Gedanken erzeugt, bezeichnen würde?

Nein.

Gedanken tauchen einfach aus einem Nirgendwo auf. Hast du schon einmal Mineralwasser aus einem Glas getrunken? Hast du dich jemals gefragt, woher die Bläschen kommen? Als Kind habe ich mich sehr darüber gewundert. Du schaust hin, und plötzlich kommen da von irgendwoher Bläschen. Woher sind sie gekommen? Ich pflegte sie unter dem Tisch zu suchen. Als Kind phantasierte ich mir darüber eine Menge zusammen – was ist die Quelle der Bläschen? Ich glaube, ich könnte darüber wirklich ein Buch im Stil eines »Per Anhalter durch die Galaxis« schreiben – woher kommen die Bläschen im Mineralwasser? Sie erscheinen einfach. Keine Quelle – sie erscheinen einfach aus einem Nirgendwo.

Da Gedanken von allein entstehen und es keine Entscheidung darüber gibt, ob man sie haben will oder nicht, kann man dann irgendetwas daran ändern?

Nein.

Alles, was du tun kannst, ist, noch eine andere Lage von Gedanken hinzuzufügen, die man »Das ist kein Gedanke, der in Ordnung ist« nennt; aber auch das wäre nur ein weiterer Gedanke. Da er auf jeden Fall entsteht und es dabei sowieso keinerlei Wahl gibt, könntest du ihn also ebenso gut einfach so sein lassen, wie er ist – denn er wird so oder so geschehen.

Nun, wenn du ihn einfach so lässt, wie er ist, wenn das Interesse nicht mehr so sehr dem Inhalt des Denkens gilt, was für einen Unterschied macht es dann, ob da ein so genannter zweifelnder Gedanke ist oder ein so genannter erleuchteter Gedanke? Macht es einen Unterschied? Macht es in diesem Augenblick tatsächlich einen Unterschied? Versuche es ganz bewusst. Fang nun an und denke ganz bewusst diesen Gedanken: »Das ist völliger Blödsinn.«

Gut.

Versuche jetzt, diesen Gedanken zu denken: »Ich liebe diesen Kerl; dies ist der schönste Abend meines Lebens.« Macht das in diesem Moment irgendeinen Unterschied?

Nein, aber was für mich überzeugender ist, sind die Gefühle, die von irgendwoher auftauchen.

Gut, mach dann eines. Verweile einfach mit den Augen hier mit dem Gedanken: »Das ist wirklich dumm.« Denke ihn bis zu dem Punkt, wo er tatsächlich ein Gefühl erzeugt. Aber bleibe präsent mit deinen Augen.

Gut. Versuche jetzt etwas anderes. Schau mich mit deinen Augen an und habe einfach einen Moment lang das Gefühl, dass wir total verliebt wären.

Gut, nun sag mir, während diese Gedanken vorbeigezogen sind, hat einer von beiden irgendetwas an dem geändert, das hier ist?

Nicht wirklich, nein.

Es gibt in Wirklichkeit nur eine Wahl, und das ist die einzige Wahl, die man in diesem Augenblick zu treffen hat. Die Wahl ist die, ob man auf das Unwirkliche hört oder ob man nicht auf das Unwirkliche hört. Du kannst jene Gedanken nicht am Entstehen hindern. Tatsächlich werden sie allmählich verschwinden, je weniger Beachtung man ihnen schenkt. Es gibt nur eine Wahl, und zwar, ob man sich auf sie fixieren will oder nicht. Die einzige Methode, sich nicht auf sie zu fixieren, besteht darin, die Aufmerksamkeit auf das Wirkliche zurückzulenken, auf dieses, das alle Gedanken erfährt. Dann sind Zweifel oder große erleuchtete Einsichten genau ein und dasselbe. Es macht keinen Unterschied, absolut keinen Unterschied.

»Ich bin erleuchtet« ist nur ein anderer Gedanke.

Wie ist es mit einem Gefühl?

Wenn ein Zustand des Gefühls aufkommt, so ist es genau dasselbe. Entscheidest du in der Weise: »Gut, ich denke, ich werde jetzt etwas Trauer empfinden«? Geschieht das auf diese Weise? Geschieht nicht einfach ein Ereignis und dann entsteht Trauer? Du kannst versuchen, sie zu unterdrücken, aber sie wird dich so oder so überkommen. Kann man das nicht ebenfalls willkommen heißen?

Was bleibt, wenn alle Vorstellungen von dem, was sein sollte, und alle Vorstellungen von dem, was nicht sein sollte, aufgegeben werden?

Stille.

Stille, ja. Bedarf diese Stille besonderer Arten von Gedanken, um Stille zu sein?

Nein.

Braucht sie eine Abwesenheit von Denken, um Stille zu sein?

Nein.

Es ist eine Stille, die kein Gegenteil hat. Es ist eine Stille, die den Lärm mit einschließt. Und das ist, wer du bist. Es ist keine Erfahrung, es ist kein Zustand. Es ist der, der du die ganze Zeit bist. Du bist nie etwas anderes als *Das* gewesen, und du wirst nie etwas anderes als Das sein. Und dabei gibt es keine Wahl. Es ist das einzige Gericht auf der Speisekarte, und der Kellner wird es dir bringen, ob du es bestellst oder nicht.

So, also, was bleibt nun übrig?

Stille und Glück.

Ja, Stille und Glück, die immer hier sind – keine Errungenschaft, keine Erfahrung und auch kein Zustand. Könnte dieses Glück, von dem du sprichst, auch Unglück enthalten?

Ja!!

Es ist ein Glück, das kein Gegenteil hat, ein Glück, das alles einschließt. Du könntest es Hinnahme nennen. Du könntest es Mitgefühl nennen. Es ist das Aufgeben jeglichen Widerstands gegen das Leben.

Dies ist die Einladung hier und jetzt. Sie kann nicht aufgeschoben werden – entweder jetzt oder nie. Dabei gibt es kein Morgen. »Morgen« wäre einfach nur eine andere Art und Weise, »nein« zu sagen. Dies ist die Einladung. Dies ist weder Erleuchtung noch Nicht-Erleuchtung; dies ist weder frei noch gebunden. Dies ist die unausweichliche Wahrheit.

44
Widersprüche im Herzen annehmen

Ich habe dir gestern Abend zugehört, und heute scheinst du genau das Gegenteil zu sagen. Aber beide Aussagen scheinen dennoch wahr zu sein.

Was immer man mit Sprache sagen kann,
Es ist auch dessen Gegenteil absolut wahr –
Einschließlich dieser Feststellung selbst!
Wahrheit ist unermessliche Weite –
Alles ist enthalten in ihr.
Und da ist keinerlei Widerspruch.

Beim Satsang
Bedarf es keiner Mühe, um zu sprechen;
Es geschieht.
Dies spricht so, wie es sprechen muss.
Und es ist voller Widerspruch.
Für das Denken erscheint es voller Widerspruch;
Für das Herz ist es einfach so, wie es ist,
Und es ist alles wahr.

Ja eben, gestern hast du erklärt, dass Denken sich auf jeden Fall ereignet, dass alles vollkommen ist und alles im Bewusstsein geschieht. Heute weist du uns auf die Gefahr von Gedanken hin, die auf Gedanken folgen. Und beides ist wahr.

Es ist unmöglich, der Gegenwärtigkeit zu entfliehen.
Wenn man mit leisem Bedauern an die eigene Kindheit denkt,

So geschieht das in der Gegenwärtigkeit.
Wenn man mit großen Befürchtungen an die Zukunft denkt,
So geschieht auch das in der Gegenwärtigkeit.
Und zu gleicher Zeit
Geht an uns alle hier der Ruf,
Vielleicht nur einen einzigen Augenblick lang,
Den Unterschied wahrzunehmen
Zwischen dem, was wirklich,
Und dem, was eingebildet ist;
Und zu erkennen, auf welche Weise es da
Zu dieser Abhängigkeit vom Eingebildeten gekommen ist.
Vielleicht nur einen einzigen Augenblick lang
Ist diese Erkenntnis notwendig –
Um dann aufzublühen.
Die Leute lesen das oder hören dies, oder erfassen jenes,
»Oh prima, es ist alles perfekt«,
Und es wird zur Selbstgefälligkeit.
Sobald der Zusammenhang, in dem all dies geschieht,
Erkannt worden ist,
Wird alles als vollkommen erkannt.
Bis dieser Zusammenhang erkannt worden ist,
Ist da nur Widerstand und eine Identifizierung.

Da kommt jemand, wirklich gepackt
Von einer tiefen Angst vor der Zukunft.
Sein Körper ist eingehüllt in diese Angst.
Ihm einfach zu sagen:
»Schon gut, diese Angst ist vollkommen; es geschieht alles im Hier und Jetzt«,
Ist in philosophischer Hinsicht wahr
Und ist in absoluter Hinsicht wahr;
Der Form aber dient es nicht.
Wenn jemand in Nostalgie, in Reue, in irgendeiner Form von Trauer lebt,
Dann ist es absolut wahr, ihm zu sagen:
»Die Trauer, die Reue und der Versuch,
Die Vergangenheit im Geist zu ändern,

Das ist alles vollkommen; es geschieht alles im Jetzt«;
Der Form aber dient es nicht.
Wenn da Mitgefühl sein kann, um die Aufmerksamkeit
In diesen Augenblick zu lenken,
Um die Aufmerksamkeit in diesen Augenblick zu lenken und
zu halten,
Gerade lang genug, dass die Aufmerksamkeit sich in diesen
Augenblick verlieben kann,
Dann kommt die Erkenntnis:
«Ah, diese Vergangenheit, die mich verfolgt hat, ist bloß
ein Gedanke.«
Dann hat es ein Erwachen in den Unterschied
Zwischen wirklicher Erfahrung
Und den bloßen Gedanken daran gegeben.

Es ist einfach ein Wechsel der Perspektive.
Sobald die Erkenntnis kommt,
Dass diese Zukunft, vor der ich mich so sorge, nicht etwas
Wirkliches ist –
Es ist ein Gedanke, der niemals geschehen wird –,
Dann kommt Entspannung.
Diese Gedanken sind willkommen, aber sie machen keinen
Unterschied.
Denn die Menschen kommen mit der Sehnsucht nach einer tieferen
Erkenntnis im Herzen.

Buddha lebte diesen Widerspruch.
Einer seiner Kumpel sagte zu ihm:
»Was war es, das dir unter dem Bodhibaum widerfahren ist,
Als du die höchste, die unvergängliche Erleuchtung erlangt hast?«
Der Buddha erwiderte: »Absolut nichts geschah.
Deshalb wird es höchste, unvergängliche Erleuchtung genannt –
denn nichts geschah.«
Und doch macht jenes »Nichts«, das niemals geschah,
Den ganzen Unterschied in der Welt.

45

Göttliche Mutter

Ich weiß nicht, wie ich Entscheidungen treffen soll. Ich möchte wirklich loslassen und das Denken überschreiten, so wie du es vorschlägst, aber es gibt Entscheidungen im Leben, die nun einmal Denken und Verantwortung mit sich bringen.

Ich will dich etwas fragen, und du antwortest mir einfach intuitiv und in aller Unschuld. Hast du einen ersten Anhaltspunkt für das, was da vorgeht? Hast du irgendeine Vorstellung davon, was du tun sollst?

Nun ja, ich habe eine Menge Ideen, was zu tun wäre.

Aber scheint irgendeine davon wirklich vertrauenswürdig zu sein?

Nein, es ist ein Gefühl, als würde ich im Dunkeln tappen.

Richtig. Deshalb fühlst du dich ziemlich hilflos, nicht wahr? Dir fehlt ein Anhaltspunkt für das, was zu tun ist. Das ist in Ordnung. Tritt dem Klub bei.

Und diese Gedanken und all dieses Zeug – wüsstest du, wie du sie abschalten kannst, wenn du das wolltest?

Nein.

Selbst wenn du nicht weißt, was zu tun ist, selbst wenn du dich hilflos fühlst und selbst wenn die Dinge etwas aus der Kontrolle geraten zu sein scheinen, nichtsdestoweniger – wann ist es das letzte Mal vorgekommen, dass du aus Nahrungsmangel einen Tag lang nichts gegessen hast? Wann ist es das letzte Mal vorgekommen, dass du kein Dach über dem Kopf hattest?

Diese Dinge sind nicht das Problem.

Also wird für dich gesorgt.

Trotzdem scheint es ziemlich viel Mühe zu bereiten.

Ja, und bringt dich die Mühe irgendwie weiter?

Nun, wenn ich aufhöre, mir Mühe zu geben, dann entgleiten mir die Dinge. Ich tue sie einfach nicht. Und dann vergesse ich sie, und alles wird noch schlimmer.

Lass uns eine Minute zurückkommen, um es einfach zu halten. Ist dein physisches Überleben jemals in wirklicher Gefahr gewesen?

Auf elementarem Niveau, nein.

In Ordnung. Also lass es uns betrachten. Tatsache ist, ob es dir gefällt oder nicht, dass du nicht wirklich weißt, was zu tun ist. Du fühlst dich irgendwie hilflos, was ganz natürlich ist. Scheint es aber nicht so zu sein, als ob irgendetwas dafür sorgen würde, dass das Leben auf alle Fälle weitergeht, obwohl du dich irgendwie hilflos fühlst?

Manchmal.

Manchmal. Siehst du, wenn du aufhörst, dich zu bemühen, dann kannst du das erkennen. Was ich dir vorschlagen möchte, ist Folgendes: Schau, ob du einfach einen Moment lang diese Güte im Leben, dieses Beschützende im Leben fühlen kannst. Dazu braucht es nicht viel. Blicke einfach auf dein Leben zurück und denke an alles, was bisher geschehen ist.

Viele Segnungen.

Ja, viele Segnungen. Kamen sie durch Bemühung zustande oder kamen sie als Segen?

Es schien eine Kombination zu sein, von etwas, das man ausgestreut hat und das dann Früchte getragen hat.

Ich möchte dir Folgendes vorschlagen: Jedes Mal wenn du anfängst, dich hilflos und ohne Kontrolle zu fühlen und du nicht weißt, was du tun sollst, dann übergib alles einfach der Göttlichen Mutter. Verneige dich einfach vor ihr. Sie sorgt für das ganze Universum. Verneige dich vor ihr und sage: »Ich habe keinen Anhaltspunkt, Mutter. Alles, was ich tun will, läuft nicht so, wie ich mir das vorgestellt habe; deshalb übernimmst du nun das Kommando.« Du bittest sie zu übernehmen, und dann wirfst du dich vor ihr nieder.

Dies ist ein kleiner Trick, denn die *Eine*, vor der du dich niederwirfst, ist das, was du in Wirklichkeit bist, wenn du ruhig bist. Wenn du ruhig bist, bist du die Göttliche Mutter. Aber wenn du in dem Traum verfangen bist, nicht die Göttliche Mutter zu sein, dann stelle sie vor dich hin und verneige dich vor ihr. Du wirst zuletzt den gleichen Ort erreichen, zu dem dich auch die Selbsterforschung führt. Es sind einfach zwei verschiedene Wege zum selben glorreichen Ziel. Der eine Weg besteht darin, in dich zurück zu schauen und dich zu fragen »Wer bin ich?«; und du erkennst, dass du *Bewusstheit* bist, und das ist dasselbe wie die *Göttliche Mutter*. Aber wenn du innerlich aufgewühlt bist und es dir schwer fällt, das zu tun, dann bringe die Göttliche Mutter einfach nach außen und sage: »Mutter, ich habe keine Ahnung, was ich machen soll. Ich bin hilflos. Du übernimmst jetzt das Kommando. Ich lege mich in deine Hände, und was immer du auch entscheidest, dem werde ich folgen.« Dann wird dir offenbart, was du zu tun hast. Das richtige Tun wird sich dir auf ganz natürliche Weise enthüllen.

Es ist ein und dasselbe: dich niederzuwerfen vor der Göttlichen Mutter und ihr dein Leben zu übergeben, oder der Frage nachzugehen: »Wer bin ich?« Es ist ein und dasselbe.

»Wer bin ich?« scheint bei mir nicht allzu gut zu funktionieren.

Das macht nichts; du kannst mit beiden spielen. Versuch es jetzt. Wende dich an die Mutter und sage: »Mutter, ich schenke dir mein Leben. Ich nehme meine Hände vom Steuer. Nun bist du dran.«

Meinst du, hier und jetzt?

Ja.

»Göttliche Mutter, ich übergebe mein Leben an dich, an deine Weisheit und deine Fürsorge.«

Und nun sei ganz ruhig und fühle ihre Antwort.

Da ist eine ganz schöne Entspannung.

Ja, das ist richtig. Übergib ihr dein Leben, und werde dann ruhig und warte. Sie wird dir antworten – manchmal mit einem Wort, manchmal einfach mit einem Gefühl. Das Gefühl der Entspannung ist so, als würde sie zu dir sagen: »Sei ruhig. Entspanne dich. Sei still.«

Du kannst zu ihr sagen: »Mutter, ich identifiziere mich mit meinen Gedanken, bitte hilf mir. Ich fühle mich unzulänglich und ich weiß nicht, was ich tun soll. Ich glaube nicht, dass ich es recht machen kann. Was immer du mir auch sagst, ich will es tun.« Übergib ihr alles und werde ruhig. Versuche das ein paar Tage lang und komm dann wieder und berichte mir.

Die Wahrheit ist, dass du es, soweit es die Person betrifft, für die du dich gehalten hast, dass du es nicht recht machen kannst. Du bist nicht in der Lage, es recht zu machen, niemals.

Ich weiß. Die Eine, für die ich mich halte, denkt, sie wäre die einzige unter sechs Milliarden Menschen auf diesem Planeten, die es nicht recht machen könnte.

Dann sagst du einfach: »Mutter, ich kann es nicht recht machen.« Und dann fahre fort: »Da ich es nicht recht machen kann, Mutter, übernimmst du.« Probiere es einfach. Jedes Mal, wenn dieses Gefühl in dir aufsteigt, übergib ihr alles und du wirst sehen. Diese Art von Gebet wird immer erhört. Wenn du um einen neuen roten Lastwagen bittest, bekommst du ihn vielleicht nicht. Wenn du um die richtigen Gewinnzahlen der Lotterie bittest, bekommst du sie vielleicht nicht. Doch wenn du einfach sagst »Dein Wille geschehe!«, misslingt es nie.

Ich habe darum gebeten, meine wahre Natur gezeigt zu bekommen.

Dann versuche das, zwischen heute und dem nächsten Satsang versuche das. Mach es zu deinem beständigen Lied.

Sei es nun durch Selbsterforschung oder durch Hingabe, jeder der beiden Wege wird dich zu deinem Selbst zurückführen. Je mehr du dich der Göttlichen Mutter ergibst, umso mehr wirst du die Vorstellung von einer individuellen Identität aufgeben. Und was dann übrig bleibt, ist die Mutter – universales Bewusstsein und Liebe, siehst du. Es ist alles ein und dasselbe; es macht keinen Unterschied.

46
Die Geburt der Liebe

Wenn die Erkenntnis, dass da »Nicht-Einer« ist«,
Dem selben »*Nicht-Ding*«
In einem scheinbar Anderen begegnen kann,
Dann ist dies die Geburt der Liebe;
Dies ist der Gipfel der Schöpfung.

Erforsche das hier und jetzt und sieh:
Wer schaut auf dich zurück?

Dasselbe »mein *Selbst*« ist überall!
Die ganze Manifestation offenbart:
Da gibt es nirgendwo Andersheit.

47 Umarme den Schmerz

Manchmal frage ich mich, wie ich mit Schmerz umgehen soll. Wie können wir mit jenen Momenten umgehen, wo wir Beschwerden haben, damit wir nicht durch Schmerz gefesselt werden und uns mit dem Leiden identifizieren?

Hast du jetzt Schmerzen?

Auf einer bestimmten Stufe, ja.

Also, auf einer bestimmten Stufe hast du Beschwerden. Würdest du sagen, dass da auch ein tiefer liegender Schmerz ist?

Ja, eine Art von nicht aufgelöstem Rückstand.

Lass uns für eine Sekunde dabei verweilen. Bist du damit einverstanden, wenn wir diesem Schmerz eine Zeit lang zusammen auf den Grund gehen?

Gut.

Nun, ist dir dieser Rückstand von Schmerz, der nicht aufgelöst ist und sich jetzt irgendwie dahinzieht, willkommen oder nicht?

Er ist unwillkommen.

Sag mir, hast du Kinder?

Nein, aber ich arbeite mit Kindern.

Wie alt sind diese Kinder?

Zwischen vier und zehn.

Hast du bemerkt, was geschieht, wenn ein Kind unglücklich ist und deine Aufmerksamkeit auf sich ziehen möchte, du aber das Kind irgendwie nicht beachtest?

Ja, das Kind wird aufdringlicher.

Genau. Und was passiert dann?

Es beginnt zu weinen.

Es wird noch hartnäckiger, nicht wahr? In dem Bestreben, deine Aufmerksamkeit zu gewinnen, kann ein Kind sogar gewalttätig werden, etwas fallen lassen und zerbrechen oder ein anderes Kind schlagen.

Andererseits, was geschieht, wenn das Kind unglücklich ist und du dich ihm sofort zuwendest und es an dein Herz drückst?

Im Allgemeinen hört es auf zu weinen, und es herrscht Frieden.

Nun, um auf deinen Schmerz zurückzukommen – was ist nach deiner Meinung sein Ursprung?

Das Gefühl, getrennt zu sein.

Und was ist der Ursprung der Trennung?

Das Gefühl, von der Quelle abgeschnitten zu sein.

Ja, und wieso haben wir das Gefühl, von der Quelle abgeschnitten zu sein?

Weil wir schlafen.

Gut, und was ist die Ursache dafür, dass wir schlafen?

Nun ja, ich vermute, die Tatsache, in die physische Realität geboren zu sein.

Nun, was denkst du, ist es die physische Realität, welche die Trennung verursacht hat, oder ist es die Beziehung zur Realität, die ein Gefühl von Abgetrenntheit hervorgerufen hat?

Die Beziehung zur Realität.

Und was ist die Quelle der Beziehung zur Realität?

Das Denken.

Gut, gut. Und was ist der Ursprung des Denkens?

Es kommt aus mir.

Also, vielleicht ist dieser Schmerz wie dein Kind. Der Schmerz ist aus deinem Inneren aufgestiegen. Er kommt nicht von außen. Er ist dein Kind, wie ein Kind, mit dem du sprichst.

Und dann, auf dieselbe Weise, wenn du den Schmerz beiseite schiebst, genauso wie ein Kind ...

Beschwerden erscheinen in verschiedenen Formen. Der Schmerz zeigt sich mit verschiedenen Gesichtern.

Schön. Aber da ist, nur für einen Moment, eine andere Möglichkeit, ihn zu erfahren. Könntest du ihn mit deinem Atem einfach willkommen heißen? Sag ganz einfach: »Ah, komm!« Auf dieselbe Art könntest du das auch zu einem Kind sagen: »Komm!«

Kannst du ihn fester halten, den Schmerz? Ja! Wie ist er jetzt?

Es ist anders.

Ja, nicht wahr? Könntest du ihn fester umarmen, ihn vielleicht sogar knuddeln?

Ich könnte daran arbeiten.

Bedarf es der Arbeit, um jemand zu knuddeln?

Es ist einfach so, dass dies für mich eine neue Art und Weise ist, Schmerz zu betrachten und zu erfahren.

Das kann ich verstehen. Das ist in Ordnung. Gut, versuche einmal nur zum Spaß dein Herz zu öffnen und zu dem Schmerz zu sagen: »Komm her. Komm, mein Schatz. Es tut mir leid, dass ich dich beiseite geschoben habe.«

Wie ist er jetzt?

Er ist anders. Er ändert sich.

Und jetzt?

Nun, er nimmt eine andere Gestalt an, weil er geliebt wird.

Wunderbar. Gut, nun wird er geliebt. Also ist da der Schmerz und das Gefühl, den Schmerz zu umarmen. Schmerz entsteht und vergeht, und er wird umarmt. Er wird geliebt.

Lass uns noch einen kleinen Schritt weitergehen. Wir haben uns mit dem Schmerz beschäftigt, richtig? Nun, lass uns die Aufmerksamkeit vom Schmerz auf das lenken, was den Schmerz erfährt. Richte deine Aufmerksamkeit auf das, was den Schmerz liebt.

Was ist es, das den Schmerz liebt? Schau zurück in dein Selbst und finde es heraus. Wer umarmt den Schmerz?

Ich.

Sehr schön. »Ich.« Nun, schau in das »Ich« und lenke deine Aufmerksamkeit zurück in das, was du »Ich« nennst.

Nun, es erscheint größer als ich.

Ja, größer. Nun finde die Grenzen von *Dem*, das den Schmerz erfährt. Wo sind die Grenzen, wo ist der äußerste Rand des Erfahrenden?

Es scheint keine zu geben.

Ah, wunderbar! Keine Grenzen! Der Schmerz wird umarmt von *Dem*, das keine Ränder und Grenzen hat. Nun, genau in diesem Augenblick – was ist interessanter, der Schmerz oder die Grenzenlosigkeit?

Oh, natürlich die Grenzenlosigkeit.

Schön. Aber der Schmerz hat Grenzen, nicht wahr? Er ist fließend. Er kommt und geht.

Der Schmerz scheint informativ zu sein. Er ist wichtig.

Ah, das ist der springende Punkt, siehst du. Wenn da größeres Interesse am Schmerz ist und an der Information, die er enthalten könnte, als an der Grenzenlosigkeit, dann führt das zu Leiden. Aber dieser Wechsel der Wahrnehmung ist freiwillig.

Damit willst du also sagen, dass ich, wenn ich ständig Schmerzen erfahre, mehr am Leiden und an der Information, die es enthalten könnte, interessiert bin als daran, grenzenlos zu sein? Ist das richtig?

Lass es uns herausfinden. Lass uns das hier und jetzt herausfinden. Bleib hier. Richte die Aufmerksamkeit auf den Schmerz, auf die Information, die der Schmerz enthalten könnte, und folge dann der Geschichte des Schmerzes. Wer hat wem was angetan? Wie empfindest du das?

Nun, es ist nicht besonders angenehm.

Wenn das Interesse auf die Geschichte, die der Schmerz erzählen will, gerichtet ist, ist da Leiden. Aber wir haben heute Abend entdeckt, dass Schmerz erfahren und gleichzeitig geliebt werden kann von *Dem*, das grenzenlos ist. Wenn du dich zurück entspannst in jene Grenzenlosigkeit, die den Schmerz im Augenblick erfährt, dann ist da Liebe.

Das ist wunderbar.

Sag mir nun, wer könnte dir jene Wahlmöglichkeit, entweder dem Schmerz zu folgen oder der Grenzenlosigkeit zu folgen, wegnehmen? Was für eine Erfahrung könnte auftauchen, die dir die Möglichkeit, grenzenlos zu sein, wegnehmen könnte?

Nun, einzuschlafen und anzunehmen, dass diese Art von Erkenntnis keine freie Entscheidung wäre.

Wenn du »einschlafen« sagst, was ist es, das da einschläft?

Das »Ich«, das vergessen könnte, dass es die Wahl hat, die Grenzenlosigkeit zu sehen.

Wer vergisst?

Gut, ich verstehe! Es gibt kein Vergessen.

Weißt du, es mag seltsam klingen, aber es ist tatsächlich wahr. Der Buddha sagte genau dasselbe. Er sagte, dass im Erwachen die Erkenntnis war, dass er niemals schlafend gewesen sei. Es war eine Illusion. Dieses Einschlafen und Vergessen ist eine Täuschung. In Wirklichkeit geschieht es niemals. Im *Bewusstsein* gibt es kein Einschlafen, siehst du das nicht? Einschlafen geschieht jemandem, der nicht existiert. Da ist nur diese Wahlmöglichkeit, die in Wirklichkeit aber eine Wahl ist, die keiner trifft. Die Entscheidung besteht darin, mit der Aufmerksamkeit einer Geschichte des Leides zu folgen, aus der dann ein persönliches Leben wird. Und Schmerz erzeugt Schmerz. Hast du das bemerkt? Der bedrückende Mangel, den Schmerz letzte Woche nicht abgeschlossen zu haben, wird heute zur Quelle von Situationen, die das Gefühl von noch mehr Kummer verursachen. Lebe mit unaufgelösten Schmerzen und du erzeugst noch mehr Schmerzen.

Siehst du, dies, das heute Abend offenbart worden ist, ist uns immer zugänglich. Ich kann dir bezeugen, dass uns dies da inmitten aller möglichen Arten von menschlichen Dilemmas zur Verfügung steht.

Du kannst in dauerhaftem Frieden leben. Es mag für andere nicht so aussehen, weil der Körper sein Gleichgewicht verlieren kann, wenn Herausforderungen auf ihn zukommen. Wir können müde oder krank werden. Aber *Dies*, das Zerrissenheit erfährt, verlässt den Frieden nie, entfernt sich nie von der Stille. Die bewusste Erkenntnis, dass du die Grenzenlosigkeit selbst bist, ist das, was die Bewegungen deines Lebens zu durchdringen und zu steuern beginnt.

Es besteht keine Notwendigkeit, meinen Worten zu glauben. Du hast heute Abend schon einen Vorgeschmack davon gehabt, und es wird sich dir allmählich von allein immer deutlicher und auf überraschende Weise zeigen.

Das ist schön. Danke.

48

Saat der Liebe

Wie können wir die gegenseitige Verbundenheit aller Dinge erkennen? Ich kann das intellektuell verstehen, aber ich habe es noch nicht wirklich erfahren.

Die Vorstellung der
Gegenseitigen Verbundenheit aller Wesen
Ist nur eine Vorstellung,
Und als Vorstellung ist sie Plastiknahrung.
Als Vorstellung
Kann Sie dich überhaupt nicht ernähren.
In Wirklichkeit,
Sobald du Plastiknahrung auf deinem Teller liegen hast,
Nimmt sie den Platz ein, auf dem die wirkliche Nahrung liegen könnte.
Besser also: Verwirf diese Vorstellung,
Und finde stattdessen heraus, wer oder was es ist,
Hier und jetzt,
Wer es ist, der sich dieser Vorstellung
Und dieser Worte bewusst ist.
Ernsthaft,
Nicht begrifflich,
Frage dich
Hier und jetzt
In diesem Augenblick:
»Wer bin ich?

Wer ist hier?
Wer ist sich des Denkens bewusst?«
Und was findest du?

(*Schweigen*)

Gut, gut.
Obwohl die Antwort Schweigen ist,
Gib ihr einfach irgendein Schlüsselwort,
Damit wir sprechen können.

Das Selbst.

Hat dies, was du das Selbst nennst,
Irgendwelche Dimensionen,
Wenn du in dich selbst hineinschaust?

Nein.

Hat es eine Geschichte?
Ist ein Schöpfungsdatum darauf gestempelt?

Nein.

Könnte es zerstört werden?

Nein.

Dies ist direkte Erfahrung, nicht wahr?
Dies ist dampfend heiße Nahrung,
Frisch aus der Küche,
Ist das nicht richtig?
Dies ist nichts, worüber du etwas gelesen hast;
Dies ist direkte Erfahrung, hier und jetzt.
Ist das wahr?

Ja.

Direkt aus der Küche.

Gut.
Tu nun eines:
Verweile einfach total in Ruhe als *Das* –
Grenzenlos,
Außerhalb der Zeit,
Ungeboren,
Ungeschaffen,
Gegenwärtig –
Und schau hier in die Augen dieser Form,
Nicht auf die Form von Arjuna,
Sondern durch die Form von Arjuna.
Finde heraus, wer da auf dich zurückschaut.
Lass dich selbst es erkennen.
Nicht die Form,
Sondern den Einen, der durch die Form schaut.
Was ist das?

Verweile hier.
Greife nicht zu Vorstellungen;
Verweile hier.
Von *Dem* aus, das du als dich selbst erkennst –
Grenzenlos,
Ungeboren,
Ungeschaffen,
Weit,
Frei,
Leer –
Erkenne nun, wer »der Andere« ist.
Was wird da entdeckt?
Was siehst du?
Lass dein Herz antworten.

(*Zögernd*) *Es scheint Ich zu sein.*

Schön! »Es scheint Ich zu sein.«
Dies ist keine Poesie;

Dies ist wortwörtlich wahr.
Dies ist die tatsächliche Wahrheit.
Dies ist Liebe,
Dies ist die Saat der Liebe.
Wenn sich jene Gleichheit
Offenbaren kann,
Wird dies zum Baum der Liebe,
Wird dies zum Obstgarten der Liebe,
Wird dies zum Wald der Liebe,
Und es beginnt mit dieser Saat hier:
Gleichheit.
Dies ist nicht die Vorstellung
Der gegenseitigen Verbundenheit aller Dinge,
Dies ist direkte Erkenntnis,
Dass ich mit meinem Selbst spreche;
Nicht poetisch,
Nicht philosophisch,
Sondern authentisch:
Ich spreche mit meinem Selbst.
Ich schaue in die Augen meines eigenen Selbst.

Zwanzig Finger.
Zwei Nasen,
Vier Augen
Und ein einziges *Bewusstsein*;
Dies ist wirkliche Nahrung.

Nun iss dich satt daran.
Dies ist nahrhaft.
Dies hier erfüllt den wahren Zweck der Schöpfung,
Diese Erkenntnis.
Wenn du die Dinge auf diese Weise siehst,
Bleibt nichts zu wünschen übrig,
Nichts Unvollkommenes bleibt übrig.
Das Herz ist voll,
Und du kannst in dieser Erkenntnis in Frieden sterben.

Jetzt kannst du
In absoluter Bedeutung sagen:
»Ich liebe dich.«
Jetzt bedeutet es etwas, das zu sagen.
Jetzt bedeutet
»Ich liebe dich« nicht,
»Ich möchte dich manipulieren.
Ich möchte deine Zustimmung.
Ich möchte, dass du meine Unsicherheit übersiehst,
Damit ich deine übersehen werde.«
Es bedeutet nicht
»Ich brauche dich.
Ich möchte dich festhalten.
Ich möchte dich besitzen.«
Jetzt bedeutet:
»Ich liebe dich«,
»Ich sehe, wer du bist, und
Ich sehe, dass ich selbst es bin.
Und ich brauche von dir nicht mehr,
Als ich von meinem eigenen *Selbst* brauche.
Mein Bedürfnis, dich zu manipulieren,
Ist nicht größer als das des Himmels,
Sein eigenes Selbst zu manipulieren.«
Dies ist Liebe.
Frei.

Warum ist dieses Getrenntsein so hartnäckig?

Gewohnheit.
Nicht sehen.
Geh in den Lebensmittelladen,
Kaufe deine Lebensmittel,
Nimm sie mit zur Kasse,
Und dann vergiss nicht, in die Augen
Dessen zu schauen, der die Kasse bedient;
Finde heraus: »Wer ist das?«
Nimm dir die Zeit,

Nimm dir die Hingabe an die Liebe,
Um zu fragen:
»Wer ist dieser *Eine* hier?«
Und du wirst das Gleiche sehen wie jetzt.

Wenn du in die Abwicklung eines Geschäftes vertieft bist,
Schau in die Augen deines Kunden
Und nimm dir die Zeit, diese Frage zu stellen:
»Wer ist dieser *Eine*?«
Und das Gleiche wird sich zeigen.

Dein Herz sagt »Ja«,
Nicht wahr?
»Ja« zur unausweichlichen Wahrheit,
»Ja« zur unleugbaren Wahrheit.
Sobald dieses Lied gesungen wird,
Dann weißt du, es ist dein eigenes Lied.
Du kannst davongehen und es pfeifen für dich selbst.
Dann brauchst du kein Radio,
Wirf das Radio weg –
Pfeife und singe und hüpfe und springe.
Was für ein toller Planet wird das dann sein!

49

Gebrochenes Herz

Hier beim Satsang fühle ich mich ganz und vollkommen, aber vor kurzem habe ich das Ende einer Beziehung durchgemacht, und mein Herz fühlt sich wie gebrochen.

Wenn wir versuchen, etwas vom »Anderen« zu erhalten,
Dann muss es dazu kommen, dass das Herz bricht.
Es kommt nicht darauf an, ob man dir gibt, was du willst,
Oder ob man dir nicht gibt, was du willst,
In jedem Fall muss es da Herzensleid geben.
Wenn man es dir nicht gibt
Oder wenn man es dir gibt und wieder wegnimmt,
Gibt es selbstverständlich Herzensleid.
Aber wenn man es dir gibt,
Dann führt das sogar zu einem noch unangenehmeren Herzensleid.
Du bist wirklich besser dran, wenn du zurückgewiesen wirst,
Als dann, wenn du das bekommst, was du zu wollen geglaubt hast.
Wenn du das bekommst, was du zu wollen geglaubt hast,
Hast du zwar diese großartigen äußerlichen Umstände erlangt,
Aber da bleibt noch eine Leerheit in deinem Herzen;
Du fühlst dich immer noch leer.
Welch ein Alptraum!

Es gibt eine andere Möglichkeit, mit Menschen zusammen zu sein,
Die nicht dazu führt, dass die Herzen brechen.
Jedes Mal, wenn du mit einem anderen zusammen bist,

In der Rolle der Fürsorge, des Gebens und des Ausstrahlens der Liebe, die du bist,
Kann es kein Herzensleid geben.
Wie könnte es das geben?
Du teilst doch nur deine eigene Fülle.
Wann immer wir uns in eine Beziehung begeben, um Liebe zu erhalten –
»Ich habe keine Liebe« oder »Ich brauche Liebe« –,
Muss es Herzensleid geben.
Du musst das ganz einfach wieder und wieder und wieder durchmachen.
Du musst deine sauren Äpfel nur oft genug essen, bis sie zuletzt,
Wenn du zum Lebensmittelladen gehst,
Nicht mehr verlockend aussehen.
Hör auf, nach Liebe Ausschau zu halten,
Und entspanne dich in die Liebe selbst, die du bist.
Sei lebendig mit drängender Liebe
Und sage dem gebrochenen Herzen Adieu.

50 Heiße alles willkommen

Im Augenblicke des Erwachens
Wird der Rest des Lebens
Zu einem Vorgang des Entdeckens
Dessen, das man abgelehnt hat.
Unausweichlich wird das bisher Abgelehnte
In dein Leben dringen, um dann akzeptiert zu werden.

Jeder Tag gibt dir Gelegenheit zu ständiger Vertiefung.
Wie kann es für die Manifestation der Liebe ein letztes Ziel geben?
Sie ist ein Vorgang ohne Ende, um Grenzenlosigkeit in Form einzuhauchen, um Grenzenlosigkeit in Form einströmen zu lassen.

Der Schlüssel liegt darin, ein jedes Ding in seinem Entstehen zu umarmen und zu begrüßen,
So dass selbst angesichts der schrecklichsten Erfahrung
Du einen Weg findest, zu dir selbst zu sagen:

»Ja, ja, komm! Ich bin bereit.
Komm im Namen dieser Freiheit.
Lieber ist mir, dass du kommst und mich vernichtest,
So dass ich mich tiefer in die Freiheit versenken kann,
Als dich auf Distanz zu halten
Und in einem Gefängnis falscher Sicherheit zu leben.
Komm, welche Art böser Teufel du auch sein magst!

Ich heiße dich willkommen.«

51

Der Ruf des Herzens

Wenn Kinder aufwachsen, durchlaufen sie das, was man in der Psychologie verschiedene Entwicklungsstufen nennt. Für Eltern ist es in der Tat äußerst interessant, die eigenartige Natur dieser Entwicklungsstufen zu beobachten. Da gibt es ein Stadium, in dem dieses Kind total abhängig ist – säugen, einfach die Mutter festhalten –, und in diesem Stadium ist das absolut notwendig, angemessen und normal. Wenn sich ein achtjähriges Kind auf diese Weise verhält, so wird das nicht als normal angesehen.

Dann gibt es ein Stadium, in dem das Kind einfach total auf »nein« programmiert ist. »Iss deinen Brei!« »Nein!« »Zieh deine Schuhe an!« »Nein!« In diesem Stadium geht es für das Kind darum, die Abhängigkeit zu durchbrechen und die eigene Unabhängigkeit zu entdecken. Wenn das Kind als Neugeborenes »nein« sagen würde, wäre das für jenes Alter nicht normal. Und wenn das Kind mit dreiundvierzig Jahren immer noch »nein« sagt, dann ist das ebenso problematisch.

Später kommt im Alter von ungefähr sechs Jahren das Stadium, in dem das Kind zu gefallen sucht: »Kann ich das für dich machen?« »Lass mich das Geschirr spülen!« All diese Stufen sind notwendig. Schließlich kommen die Teenagerjahre (die ich mit meinen Söhnen noch nicht genossen habe), in denen dieses Kind zu sagen beginnt: »Lass mich in Ruhe, Mann!«

Obwohl Freiheit außerhalb der Zeit existiert, gibt es auch bei der Verwirklichung von Freiheit innerhalb von »Körper-Geist« vergleichbare Entwicklungsstufen. Es lohnt sich, den Unterschied zwischen diesen Entwicklungsstufen zu kennen, weil es durchaus möglich ist, als »Körper-Geist« auf einer Stufe, die nicht mehr authentisch ist, stehen zu bleiben.

Bevor wir einen Hinweis auf etwas jenseits des gewöhnlichen Lebens erhalten, werden unsere Entscheidungen im Leben gänzlich durch »mein Vergnügen« und »mein Verlangen« bestimmt. Bevor du irgendeinem indischen Guru begegnest oder irgendwelche Workshops besuchst, ist deine Orientierung im Prinzip: »Ich will mehr gutes Zeug, und ich möchte keinen Schmerz. Ich will mehr Geld, mehr Sex mit mehr Leuten, weniger Einkommenssteuer, mehr gutes Essen und weniger Verdauungsstörungen.« Und dann dämmert für einige (nicht für viele, wahrscheinlich für weniger als ein Prozent der Bevölkerung) die Erkenntnis, dass es vielleicht etwas mehr im Leben geben könnte, außer »ich« und »mich« und »mein«. Dies nennt man den Beginn der spirituellen Suche.

In dieser Phase der Suche nach Frieden waren die meisten von uns bereit, alles zu tun, um an das Ziel zu gelangen. Wir haben alle Arten von Vorschriften befolgt – Singen, was immer man uns zu singen befohlen hatte; unsere Ernährung ändern; es gibt alle möglichen Arten von interessanten Dingen, die wir im Namen unserer Versuche gemacht haben, um das zu erlangen, was wir für Erleuchtung gehalten haben. Wenn ihr euch in der Welt umschaut, so ist das keine Welt von Menschen, die nach Freiheit streben, nicht wahr? Deshalb ist diese Suche an sich schon ein seltener Segen. Bei der Suche geht es jedoch hauptsächlich immer noch um »ich« und »mich« und »mein« – »meine« Freiheit. Das Suchen ist eigentlich noch narzisstischer und selbstbezogener als die vorhergehende Phase, nicht wahr? Bei der Suche geht es um »meine Ernährung« und »meine Stellung«. »Welche Art von Gedanken habe ich?« »Warum habe ich überhaupt Gedanken?« »Sind es positive Gedanken oder negative Gedanken?« »Wie geht es mir?« »Ist alles in Ordnung?« Das Suchen wird zur Selbstbesessenheit.

Ich glaube nicht, dass irgendjemand jemals gefunden hat, was er gesucht hat – zumindest habe ich niemanden getroffen, der plötzlich das bekommen hat, was er sich über Erleuchtung zusammenphantasiert hatte! Aber für einen kleinen Prozentsatz der Suchenden (vielleicht ein Prozent von jenem einen Prozent) kommt die Erkenntnis: »Ich bin immer schon das gewesen, was ich gesucht habe. Ich bin schon immer *Dies* gewesen.« Das ist Verwirklichung; das ist Freiheit. Und im Hinblick auf das Suchen ist es das Ende.

Darauf folgt ein Reifen. Nicht was die Freiheit betrifft, aber soweit »Geist-Körper« betroffen ist, gibt es ein Reifen in dieser Freiheit. Die erste Welle ist: »Ich hab's! Ich bin erleuchtet! Ich bin frei! Bist du frei? Ich bin frei! Suchst du noch? Ah, ich bin frei! Lass mich erzählen, wie das ist, wenn man frei ist! Am 23. September habe ich das Selbst erkannt und nun bin ich frei.« Klingt das vertraut für euch? Dies ist das »Ich«, das gesucht hat. Es hat einen gewissen Schwung, und deshalb bemächtigt es sich jetzt der Verwirklichung *dessen*, das unveränderlich ist, und versucht nun, das für sich festzuhalten. Auch diese Phase geht mit der Erkenntnis zu Ende, dass Freiheit und »Ich« nichts miteinander zu tun haben.

Es gibt ein anderes Stadium, wo dieses »Ich« aufgegeben wird und die Erkenntnis kommt, dass in Wirklichkeit nichts zu tun ist und es keinen Ort gibt, an den man gehen könnte; es gibt in Wahrheit ja in keinem Fall einen Handelnden. Da ist nur *Bewusstsein*; und auf dieser Welle heißt es dann: »Ich ruhe einfach als Bewusstsein. Bist du immer noch am ›Tun‹? Ich nicht, ich ruhe einfach als Bewusstsein. Da ist nichts zu tun – alles entfaltet sich einfach von selbst.« Dies ist eine andere Phase, etwas gereifter als: »Ich hab's, ich hab's, ich hab's!« Nun ist da keiner, etwas zu erlangen; da ist einfach Ruhen, und die Dinge entfalten sich ganz von selbst.

Am Anfang hat jede dieser Phasen eine Art von Frische, aber sobald sich Wiederholung und Routine einschleichen, wird es langweilig. Viele Leute haben das schon beobachtet. Ich habe einen Freund in der Gegend von San Francisco, der etwa genauso lange Satsang gegeben hat wie ich. Neulich haben wir uns unterhalten und er meinte: »Weißt du, ich habe wirklich genug von dem, was beim Satsang passiert. Es wird langweilig – Erkenntnis, kleine Momente der Einsicht, und die Fragen, wie man den Moment bewahren kann.« Er äußerte sich zu dieser Phase. Er erzählte mir, dass er eines Abends die Nachrichten angeschaltet und kurze Filmausschnitte von einem Hurrikan in Mittelamerika gesehen habe, und dabei hätte er sich gedacht: »Diese ganze Erkenntnis von ›Toll, da ist keiner hier!‹ scheint wirklich irgendwie oberflächlich zu sein, im Vergleich zu den Verwüstungen durch diesen Hurrikan.«

Da kommt auch eine Zeit, zu der sogar das Interesse an Verwirklichung, zu der sogar das Interesse an Freiheit oder Unfreiheit ebenfalls schwindet. »Ich bin frei, ich bin frei, da ist keiner hier!« – das ist gut, aber wie lange kann es faszinierend bleiben? Und dann kommt für einige – dies ist in der Tat etwas Seltenes – die Erkenntnis, dass dies alles Du ist. Du bist nicht nur einfach eine einzige kleine menschliche Form; es gibt mehr als sechs Milliarden Dus. Alles, was auf diesem Planeten geschieht, sogar mit den Tieren, all dies geschieht dir. Wenn da irgendwo ein Schmerz ist, so ist es dein Schmerz. Wenn da irgendwo ein Urteil ist, so ist es dein Urteil. Wenn da irgendwo Gewalt ist, so ist es deine Gewalt. Wenn die Menschen streiten, so ist es ein Streit in deinem Inneren. Das ist nicht im Sinne einer persönlichen Schuld gemeint (»O Gott, es ist alles meine Schuld!«), sondern es handelt sich um ein Aufgeben der Grenzen, an denen »Ich« endet und etwas oder jemand anderes beginnt. Dann kann keiner behaupten »Ich bin frei« – weil es sechs Milliarden Dus gibt und nicht alle dieser Dus frei sind. Eine winzig kleine Inkarnation mag eine nette Erfahrung gemacht haben, aber es gibt noch viel mehr Dus, die noch nicht so weit sind. Diese Erkenntnis, dass alles *Ich* ist, dass alle dasselbe Ich sind – ein Geist und eine Seele – bedeutet, dass man nicht wirklich Ruhe findet, solange »Ich« noch irgendwo in irgendeiner Form gefesselt bin. Diese Einsicht ist die Grundlage dessen, was im Tibetischen Buddhismus und in anderen Schulen des Buddhismus als Bodhisattva-Gelübde bekannt ist – jenes Gelübde, das besagt, dass man unablässig dienen will, bis alle Wesen befreit sind. Das Eigenartige am Bodhisattva-Gelübde ist, dass es eigentlich ein Widerspruch ist, denn dem Bodhisattva-Gelübde liegt die Erkenntnis zugrunde, dass es da gar keine Wesen gibt, die jemals befreit werden könnten. Tatsächlich wird vom Buddha gesagt, dass er auf die Erde kam, um alle Wesen zu befreien, und er das nur tun konnte, weil er erkannte, dass es keine Wesen zu befreien gab. Ein seltsames Paradoxon, nicht wahr?

Ich erwähne das deshalb, weil es für viele von uns an der Zeit ist, über die Beschäftigung mit den feinen Schwankungen von »meiner Freiheit« hinauszugehen. »Identifiziere ich mich mit Gedanken? Werde ich in etwas verwickelt? Oder ruhe ich? Vielleicht sollte ich ein weiteres Retreat machen oder vielleicht eine Sitzung.« Es kommt eine Zeit, da wird all das wie einer dieser Hamster in einem jener Räder im Käfig. Es ist gerade die übermäßige Beschäftigung mit den eigenen Bewusstseinszuständen, welche die Identifizierung verfestigt. Was jedoch spontan von hier aus entstehen kann, ist ein Leben des Dienstes. Das ist das größte Geheimnis.

1992 forderte mich mein Lehrer, Papaji, auf, Satsang zu geben. Ich war so naiv zu glauben, dass ich in die Welt hinausgehen sollte, um anderen Menschen zu nützen, aber der Mensch, der den größten Nutzen davon hatte, war in Wirklichkeit derjenige, der die Satsangs gab. Sobald der Körper zum Dienen eingesetzt wird, geht die Aufmerksamkeit weg von dieser Illusion einer getrennten Identität und beginnt, sich mit dem größeren »Körper-Geist« zu befassen. Für viele von uns wird es Zeit, über »meine Freiheit« hinauszugehen. Da ist ein Sog des Herzens zu etwas Größerem, ein Ruf des Herzens zu etwas Größerem als »mein spiritueller Zustand«.

52 Nutzen

Was hat sich in deinem Leben geändert, nachdem du Befreiung erlangt hast?

Nun gut, ich habe Folgendes herausgefunden: Wenn ich in eines jener Geschäfte gehe, wo sie Lotteriescheine verkaufen, dann weiß ich zwar genau, welches die sechs Gewinnzahlen sein werden, doch aus religiösen Gründen habe ich beschlossen, sie nicht zu benutzen. (*Lachen*) Ich habe außerdem entdeckt, dass meine Kleider nie schmutzig werden und ich nie auf die Toilette gehen muss. Aber davon einmal abgesehen ... (*Lachen*)

Nein, nein, ihr seht, so ist das nicht. Was da in einem Augenblick – oder in einem länger anhaltenden Augenblick – geschieht, ist keine Errungenschaft, sondern eine Erkenntnis. Es gibt einen großen Unterschied zwischen »etwas erringen« und »etwas erkennen«. Nehmen wir einmal an, du verlierst deine Brille; und deshalb suchst du sie unter dem Kissen, du suchst unter dem Kissen deines Freundes, du suchst im Auto, du suchst überall und schließlich gibst du auf. Du setzt dich und – »Oh! Da ist sie ja!« Du hast die Brille nicht durch Suchen gefunden. Als du aufgegeben hast, hast du erkannt, dass sie die ganze Zeit auf deiner Nase gesessen hat.

Was 1991 mit Arjuna geschah, ist keine Errungenschaft. Es machte aus Arjuna keinen besseren Arjuna. Es war die Erkenntnis, dass die Suche vergeblich war. Es war die Erkenntnis, dass dies, das Arjuna suchte, das war, was er bereits war. *Bewusstsein*, das *Eine*, das durch Arjuna schaut, welches das Eine ist, das durch alle Wesen schaut – ist schon frei. Die Persönlichkeit Arjuna ist ein hoffnungsloser Fall. Da ist wirklich nichts, das man für ihn tun kann.

Wahrscheinlich betrifft mich das auch. (*Lachen*)

Dazu möchte ich jedoch einen kleinen Vorbehalt anbringen. Ich will nicht die ganzen Bemühungen zur Selbstverbesserung in die Kanalisation spülen. Das ist unnötig. Nachdem du erkannt hast, dass du Bewusstsein bist und Bewusstsein rein und vollkommen ist, musst du das Öl in deinem Auto immer noch alle 10.000 Kilometer wechseln. Wenn du das Öl nicht wechselst, wird es schmutzig. Es bedeutet auch nicht, dass du keine Einkommenssteuer mehr zahlen musst. Wenn du sie nicht zahlst, wirst du in Schwierigkeiten geraten. Es gibt eine Menge Dinge, die davon nicht betroffen sind. Es bedeutet aber auch nicht, dass du es zulassen kannst, dass die mit dieser physischen Form auftretenden Tendenzen überhand nehmen.

So haben wir alle zum Beispiel irgendwelche Beziehungen. Manche Leute könnten vielleicht die optimistische Vorstellung hegen, dass nach dem Erwachen alle Beziehungen harmonisch fließen werden. Eine tolle Idee, nicht wahr! Es macht aber keinen Unterschied. Nur weil dir die Erkenntnis zuteil wurde, dass Bewusstsein einfach Bewusstsein ist, bedeutet das nicht, dass Beziehungen in ihren alltäglichen Details irgendwie besser würden. Beziehungen funktionieren auf der Grundlage von Ehrlichkeit, Verpflichtung und gesundem Menschenverstand. Wenn du eine gesunde Beziehung haben willst, dann solltest du wirklich ehrlich sein, du solltest engagiert und präsent sein, und du solltest fürsorglich sein. Diese Eigenschaften haben nichts damit zu tun, ob du die Erkenntnis verwirklicht hast oder nicht. Du könntest durchaus eine völlig unverwirklichte Person mit einer wirklich harmonischen Beziehung kennen – eben weil diese Person die Prinzipien kennt, nach denen eine Beziehung gut funktioniert. Und du könntest durchaus einen vollkommen verwirklichten Menschen mit einer furchtbar schlechten Beziehung kennen.

Die Gewohnheiten der Persönlichkeit lassen sich stets verfeinern, ob vor der Erkenntnis oder nach der Erkenntnis. Dies ist ein generelles Missverständnis bei nicht-dualistischen Lehren – die Annahme, dass nach der Erkenntnis alles einfach von ganz allein gut geht, oder dass wir die Dinge einfach geschehen und das Denken bleiben lassen sollten. Das würde aber bedeuten, dass man es in neunundneunzig Prozent der Zeit einfach zulassen würde, dass unsere gestörten Verhaltensmuster fortbestehen. Warum? Zur Erkenntnis gehört, dass *Bewusstsein* still und rein und vollkommen ist, aber dass es da immer noch ein menschliches Wesen und die Möglichkeit der Wahl gibt – auch wenn es letztendlich nichts zu wählen gibt. Seid einfach menschlich. Es ist alles in Ordnung. All das ist nichts weiter als gesunder Menschenverstand, und wenn man nicht an esoterische Ideen glaubt, ist das alles sehr einfach.

53
Natürlicher Respekt

Vor Jahren habe ich einmal einen anderen Lehrer gefragt, woran man erkennt, dass jemand ein wahrer Lehrer ist. Er antwortete, man sollte natürliche Achtung und Liebe für den Lehrer empfinden und auch das Lachen dürfte nicht fehlen. Dies alles ist bei dir uneingeschränkt vorhanden, und ich fühle, dass du mein wahrer Lehrer bist.

Ich danke dir für deinen Respekt, wirklich. Gleichzeitig möchte ich etwas gestehen, um deine Offenheit anzuerkennen. Das Lachen ist ein Lachen, das wir teilen. Der Respekt ist gegenseitig, und die Liebe ist gegenseitig. Das solltest du wissen und wirklich tief begreifen, weil es heutzutage so wichtig ist. Wahrlich und ehrlich, wir sind alle gleich. Das ist meine feste Überzeugung. Ich sage das nicht einfach so, um dir den schwarzen Peter zuzuschieben.

Ich sitze an diesem Platz, weil ich dazu aufgefordert wurde, und ich werde wahrscheinlich nie erfahren, warum. Wenn es dafür irgendeine Qualifikation gibt, dann nur diese, dass verschiedene Körper verschiedene Fähigkeiten besitzen. Der Erste macht Musik; aber wenn du mir eine Gitarre geben würdest, würden alle Leute weglaufen. Der Zweite schneidet Haare; du würdest gewiss nicht wollen, dass ich dir die Haare schneide. Ein Dritter ist Arzt; aber bestimmt würdest du keinerlei Wert darauf legen, dass ich Pillen austeile. Dieser als Arjuna bezeichnete Körper ist einfach mit Ausdrucksfähigkeit begabt – das ist alles. Dieser Körper hat die Fähigkeit, unsere gemeinsame Erfahrung in Worte zu fassen. Aber es ist eine gemeinsame Erfahrung, und es ist mir sehr wichtig, immer wieder mit Nachdruck darauf hinzuweisen. Ich bin kein Lehrer. Das Zusammentreffen ist der Lehrer. Die Begegnung von Freunden ist der Lehrer. Ich bin so etwas wie der Katalysator einer Lehre, die sich im ganzen Raum ereignet.

Gleichzeitig fühle ich, aus welchen Gründen auch immer, dass da ein paar von uns einfach wie Popcorn vor den anderen aufplatzen. So empfinde ich das.

Ich würde dir raten, dich nicht an diesen Gedanken zu hängen. Alles und jedes kann wahr sein, wenn du nur glaubst, es wäre wahr. Ich möchte dir raten, das nicht in dieser Weise zu sehen, und ich will dir auch sagen warum. Ein solcher Gedanke erzeugt nämlich eine subtile Form von Trennung. Er schafft auch Voraussetzungen für eine Haltung des Aufschiebens und des Erwartens. Ich kann dir garantieren, dass du alle Vorstellungen dieser Art fallen lassen würdest, wenn wir ein Wochenende zusammen zelten oder wandern gehen würden. Alles, was dir geschieht, geschieht auch mir. Ich mache das hier nur, weil ich dazu aufgefordert wurde und weil dieser Körper die Gabe der Ausdrucksfähigkeit besitzt, und um gerecht zu sein, vielleicht auch eine gewisse Fähigkeit, gegenwärtig zu bleiben. Ich bin jahrelang therapeutisch geschult worden, und das ist eine Fähigkeit, die man dabei lernt – im Umgang mit Menschen gegenwärtig zu bleiben. Die ganze Perspektive verändert sich, wenn du aufhörst, einer Person das Etikett »Erwachter« anzuheften und stattdessen Wachheit allgegenwärtig sein lässt. Wir spielen ein völlig anderes Spiel, wenn wir es so sehen. So etwas wie einen erleuchteten Menschen gibt es wirklich nicht. Das ist ein Schwindel. Person und Erleuchtung gehören einfach nicht zusammen in denselben Satz. Und ich spiele hier nicht nur mit Worten.

In Wirklichkeit handelt es sich hier um den Kern dessen, was jetzt auf dem Planeten passiert. Hier geht es um jenen entscheidenden kleinen Unterschied zur hierarchischen Spiritualität: Da ist, weit vorne, der Erleuchtete – und alle anderen versuchen, die Erleuchtung zu erlangen, oder sie sind teilweise erleuchtet, oder sie flattern irgendwie dazwischen herum. In jenem Theater ist ganz vorn im Auditorium nur Platz für einen. Es ist der Unterschied zwischen jener Seite und dieser

Seite der Achse, welche ein Ozean des Erwachens, des planetarischen Erwachens ist. Aus dieser Sicht ist jeder *Dies*, doch jeder, der körperliche Form besitzt, hat seine kleinen Schrullen. Fast alle Lehrer, die so lehren wie ich, kenne ich persönlich, und ich sage dir, alle von ihnen machen die ganze Zeit dasselbe durch. Manche erklären es rundheraus und manche verbergen es; das ist aber auch alles. Ich persönlich erkläre es. Mir ist es lieber, wenn alles offen auf dem Tisch liegt. Wir brauchen keine schmutzige Wäsche zu waschen, aber alles, was du auf den Tisch legen könntest, hätte ich auch zu bieten. Ich habe an keiner Entscheidung etwas auszusetzen: Einige Lehrer haben das Gefühl, dass sie ihr Privatleben privat sein lassen und den Anschein von Reinheit wahren sollten, um die Reinheit der Lehre zu bewahren.

Davon halte ich nichts.

Gut, es ist nicht nötig, etwas davon zu halten oder nichts davon zu halten. Es ist allein eine Frage des Stils.

Mich hat es bei Ram Dass am meisten beeindruckt, dass er vor Jahren anfing zu zeigen, wie menschlich er war.

Jack Kornfield ist genauso. Es ist einfach eine Frage des persönlichen Stils. Heutzutage werfe ich mich mit allen Gliedern vor jemanden auf den Boden nieder, der bereit ist, sich als ganz gewöhnlich und menschlich zu zeigen. Erleuchtete Gurus langweilen mich total. Sie sind für mich einfach uninteressant. Aber nehmt zum Beispiel einen Jack Kornfield oder einen Ram Dass oder einen Stephen Levine – sie sind alle bereit, hier vorn zu sitzen und wahrhaft zu sein. Wenn Stephen Levine über die Beziehung mit seiner Frau Ondrea spricht, behauptet er nicht: »Wir haben die Antwort gefunden.« Er spricht über die heftigen Emotionen und das sich vertiefende Mitgefühl, wenn man erkennt, was wir alle durchmachen.

So ist eben das Leben nun einmal. Daran gibt es nichts auszusetzen. Es gibt einfach Verhältnisse, die nicht dem theoretischen Ideal entsprechen. Wenn solche Verhältnisse entstehen, führt das zu einem kleinen Unbehagen, und jenes Unbehagen setzt eine Kette von kreativen Impulsen in Gang, die ihrerseits kreatives Handeln auslösen.

Vielleicht sind die Verhältnisse ideal, auch wenn man das nicht wahrhaben will.

Ja, absolut. Viele von uns laufen mit der Vorstellung herum, dass dies alles nicht geschehen sollte. Da sollte einfach Stille, einfach Ruhe sein. Sich an solche Vorstellungen zu klammern, ist letztendlich eine Art von Selbstquälerei. Lass das sein, und sei einfach menschlich. Nehmen wir an, dass du in einer Beziehung lebst und dein Partner dich verlässt. Wenn du dabei nichts empfindest, würde ich sagen, dass du vielleicht Hilfe bei einem Psychiater suchen solltest.

Das ist eine sehr interessante Bemerkung, weil ich eine Zeit lang bei einer anderen Lehrerin war, und die sagte: Wenn du wirklich etwas vollständig fühlst, sollte es vergangen sein, einfach so! Ich halte das nicht für richtig.

Warum sollte das so sein?

Wenn du größeren Kummer hast oder wenn es in deinem Leben eine gewaltige Katastrophe gibt, ist das fast so, wie wenn man ein Baby bekommt – es gibt eine Schwangerschaftsperiode, in der das ...

Wenn man von Liebeskummer oder seelischer Qual niedergedrückt wird, dann ist das nicht notwendig und das kann sofort befreit werden. Aber für Gefühle sind Höhen und Tiefen natürlich. Lasst sie einfach zu. Wir sind menschliche Wesen; und wenn du wissen willst, was es bedeutet, ein menschliches Wesen zu sein, so ist es genau das, was du jetzt durchlebst. Du kannst spüren, wenn es Widerstand gegen eine bestimmte Erfahrung gibt und wenn das befreit werden kann, aber das bedeutet nicht, dass diese Erfahrung nicht immer wieder kommen kann. Das ist ganz natürlich, seht ihr. Wenn nicht genug Geld da ist, ist es natürlich, dass dies zuerst zu einer gewissen Anspannung führt; aus dieser Anspannung entsteht eine gewisse Sorge, und dann wird sich diese Sorge in einen Impuls zum Handeln verwandeln. Das Ganze läuft so wunderschön ab. Du legst einen Samen in die Erde und er keimt und bekommt Blätter. Er wächst immer weiter und wird immer stärker, bis er zu einem Baum wird. Das ist ein Wunder.

Dasselbe geschieht, wenn du dich in die Hand schneidest; dann machst du einfach einen Verband. Du machst dir deshalb weiter keine Sorgen, und nach ein paar Tagen ist alles gut verheilt. Das ist ein Wunder. Wenn es in deinem Leben ein Problem gibt, ist die Kette der Reaktionen, die du durchläufst, um eine Lösung zu finden, ein Wunder. Lasst es einfach zu. Wir sind alle gleich – glaubt mir! Ich habe es gründlich nachgeprüft.

(*Lachen*)

Das ist wirklich eine Erleichterung. Wir können uns ganz ungezwungen geben.

54
Nur jetzt

Wenn das, wovon hier gesprochen wird,
Wie etwas wirkt, das ersehnt wird,
Aber noch nicht erkannt ist –
Dann fasse es heute Abend!
Heute Abend!

Es gibt keinen Grund, dies zu verschieben.
Es ist *jetzt* verfügbar.
Nur jetzt.
Jetzt oder nicht jetzt,
Kein Morgen!

55
Deine eigene Wahrheit

Dies alles weißt du schon,
Doch wir spielen ein kleines Spiel.
Denn du hörst es gerne, dass einer es zurückgibt an dich.

Es macht doch nur halb so viel Spaß,
Den eigenen heißen Draht zur Weisheit zu benutzen.

So begibst du dich an diesen Ort
Und hast für diesen Abend jemanden engagiert,
Damit er dir sagt, was du bereits schon weißt.

Das hört sich gut an,
Denn es ist deine eigene Wahrheit.

Über den Autor

Arjuna ist der Gründer und Leiter der Living Essence Foundation in Nevada City in Kalifornien, der Autor des allgemein gelobten Buches Relaxing into Clear Seeing (Deutsche Ausgabe: Klares Sehen, erscheint im Herbst 2001 bei Lüchow) und der Schöpfer der Living Essence-Kassettenreihe.

Nach Abschluss seines Studiums an der Universität Cambridge in England ließ sich Arjuna in verschiedenen Formen von Therapie und Körperarbeit ausbilden; er hat seit 1979 Techniken der Tiefenentspannung praktiziert und unterrichtet. In den achtziger Jahren lehrte er am Alchemical Institute of the Healing Arts, am Alive and Well Institute und wirkte als Gast an vielen anderen Schulen. Er war der Schöpfer der Alchemical Journeys-Kassettenreihe.

Seit 1971 folgt Arjuna einer ungebrochenen Leidenschaft für spirituelles Erwachen, das sich 1991 in der Begegnung mit seinem Advaita-Meister, H. W. L. Poonjaji, zu voller Blüte entfaltet hat. Dieser lenkte Arjunas Blick auf die unmittelbare Präsenz und Verfügbarkeit des Selbst in diesem gegenwärtigen Moment. Arjuna blieb ein Jahr lang bei seinem Lehrer, um dann auf Poonjajis Bitte hin in den Westen zurückzukehren und Advaita zu lehren.

Der Living Essence-Ansatz ist eine Integration von Arjunas Leidenschaft für das Erwachen und das Ewige Dharma mit der Fülle an Werkzeugen, die ihm nach 2500 Trainingsstunden und sechzehn Jahren therapeutischer Arbeit zur Verfügung stehen. Arjuna ist häufig in den USA und in Europa unterwegs, um Satsang und Satsang-Intensivkurse zu geben. Er unterrichtet das Living Essence Training an seinem Wohnort in Nevada City.

Informationen zu Satsangs mit Arjuna in Deutschland und Europa erhalten Sie gegen einen Freiumschlag von:

Verlag Alf Lüchow
Postfach 1751
D-79017 Freiburg

e-Mail: a.luechow.public@t-online.de
www.luechow-verlag.de

Webseite von Arjuna:
www.livingessence.com

Eli Jaxon-Bear

Lied der Freiheit

Wie erklärt man mit Worten Das, was unser Verstand nicht fassen kann?

Jeder Mensch hat Augenblicke erlebt, in denen ihn DAS berührte, was eindeutig größer war als er selbst und die Summe seines Lebens.

Der Anblick eines neugeborenen Kindes,
die Farben eines Sonnenuntergangs,
die Klänge einer Symphonie,
eine tiefe Meditation
oder die Augen des Geliebten.

Ohne es auch nur annähernd erklären zu können, dehnt sich in solchen Augenblicken unser Bewusstsein über alle uns bekannten Grenzen hinweg aus. Vielleicht nur für eine Zehntelsekunde gibt es kein kleines Ich, keine Trennung, keine Angst. In dieser kurzen Zeit tauchen wir in ein tiefes Gefühl von Glück und Zuhausesein ein, das uns von allen Zweifeln und Leiden unseres Lebens befreit. Ein Moment tiefster Klarheit, der unser normales Leben wie einen Traum erscheinen lässt.

In diesen Augenblicken *wissen* wir – jenseits unserer Gedanken. Weit, weit jenseits der Fähigkeit unserer Worte ertönt in unserem Herzen dann das *Lied der Freiheit*.

Das *Lied der Freiheit* ist für all jene, die bereit sind, es mit ihrem Herzen zu hören und darauf zu antworten.

Nach achtzehnjähriger spiritueller Suche trifft der bekannte Therapeut Eli Jaxon-Bear 1990 in Indien seinen letztendlichen Lehrer, Shri Poonjaji. Im Angesicht seines Meisters erkennt Eli sein wahres Selbst. Seitdem ist Eli als spiritueller Lehrer in vielen Ländern der Welt tätig. Das Geschenk seines Wirkens ist die klare Synthese von westlicher Psychologie und der Erfahrung von Nicht-Dualität.

Lüchow
Lüchow Verlag, Freiburg

202 Seiten, Halbleinen ISBN 3-925898-79-4

Raphael

Jenseits des Zweifels

Von Zweifel und Unsicherheit gequält ist der Mensch, da er seine wahre Natur vergessen hat: die Vollkommenheit und Glückseligkeit. Umgeben von einer Welt, die sich als widersprüchlich und vergänglich erweist, sucht er umherirrend einen »Leuchtturm«, der ihn retten kann, einen »Wegweiser«, der ihn aus dem Zweifel zur Gewißheit des *Seins* führen kann. In *Jenseits des Zweifels* tritt Raphael mit Menschen, die »auf der Suche« sind, in einen Dialog über Fragen, die sie existenziell betreffen.
Der Leser wird angeregt, in sich selbst den Weg wiederzufinden, der ihn »jenseits des Zweifels« führen kann.

Raphael ist ein Pseudonym, da auf der Ebene der Dualität ein Name notwendig ist. Raphael ist ein Symbol für einen Bewußtseinszustand. Auf einer gewissen Ebene sind wir alle Raphael. Aus diesem Grund gibt es keine Fotos von Raphael.

Raphael gilt als ein europäischer Meister des indischen Advaita Vedânta, der Lehre der Nicht-Dualität. Als Mittler zweier Welten machte er durch Übersetzungen und Publikationen dem Westen östliche Betrachtungsweisen zugänglich. Heute lebt Raphael zurückgezogen in der von ihm gegründeten Einsiedelei in der Nähe von Rom.

Lüchow
Lüchow Verlag, Freiburg

173 Seiten, Halbleinen ISBN 3-925898-76-X